JN017266

自分のことを
100ネタ話す
ための
AI英作文

谷口恵子

コスモピア

はじめに

「自分の言いたいことが英語で言えない」

そんな悩みはありませんか？　私はこれまで英語学習コーチとして、たくさんの人から、この悩みを聞いてきました。

なぜ、言いたいことが英語で言えないのでしょう。英語力が低いから？　単語や文法を知らないから？　それもあるかもしれません。でも実は、TOEICのスコアが高くても実際の会話になると英語が出てこない、という人は多いのです。英会話ができるようになるためには、英語の基礎力だけでは足りません。**英会話の実践的なトレーニングが必要**です。

本書では、その実践的なトレーニング方法をご紹介し、**自分のことを100個のネタで語る練習**をします。その中で活用していくのがChatGPTなどのAIです。

ChatGPTは対話型のAIで、様々な質問や指示に答えてくれます。非常に賢いので、英語学習や仕事に活用すると、その効果が何倍にもなります。ChatGPTを初めて使ったとき、私は大きな衝撃を受けました。それまでは「英語学習に近道はありません」と言ってきましたが、今では**「ChatGPTをフル活用することが英語学習の近道」**と言い切っています。

本書のタイトルでは「AI英作文」としていますが、英作文力（＝英文を組み立てる力）というのは、英語で話す力のベースになります。**「英作文力 ＋ 発音力 ＝ 英語で話す力」**なのです。

これまで、英作文のトレーニングは、英語の基礎力を鍛える
のにとても良いと言われながらも、続けられる人は少なかった
と思います。なぜなら、書いた英文が正しいか自分で判断する
のは難しく、先生にフィードバックをしてもらうには、時間と
お金がかかってしまうからです。

　ChatGPTはこの点を見事に解決してくれます。ChatGPTに
わからないことを聞いたり、英文を添削してもらったり、より
良い表現を提案してもらったり、お手本になる英文を書いても
らったり。しかも、24時間365日、いやな顔ひとつせずに教え
てくれます。すぐに返事をしてくれるのも大きなメリットです。
待つ時間がないので、ライティング（アウトプット）とフィー
ドバック（インプット）のループをどんどん回していくことが
できます。

　AIを活用した英作文トレーニングを日課にして、自分につい
て100ネタ話せるようになれば、英会話に大きな自信が持てる
はずです。ぜひあなたも今日から、「自分のことを100ネタ話
すためのAI英作文」を始めましょう。

　　　　　　　　　　　　　　　AI活用コーチ・英語学習コーチ
　　　　　　　　　　　　　　　谷口 恵子（タニケイ）

Contents

第1章 | AIを活用して英作文するには？ 13

第2章 | 自分のことで100ネタ作ろう！ 43

Contents

人間関係・コミュニケーション

Contents

本書の構成と使い方

本書は大きく分けて二部で構成されています。第1章ではAIを使って自分が書いた英作文を添削する方法などについて解説し、第2章では自分のことに関する100ネタの具体例を示していきます。

第1章 AIを活用して英作文するには？

AIを活用した英作文の方法に加え、AIを活用した英作文の5つのステップについて解説。さらに英作文の練習に使える14のプロンプトを紹介しています。

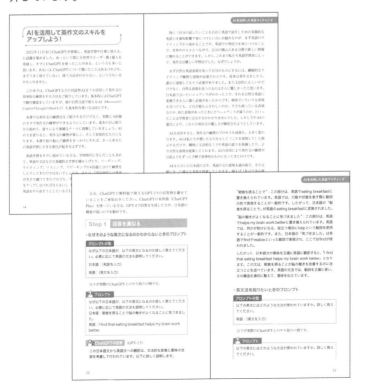

第2章 自分のことで100ネタ作ろう!

自己紹介から「ちょっと深い話」まで、質問に答える形で100ネタ作成しましょう。質問はテーマによって5つのパートに分かれています。

通し番号:1〜100までの連番となっています。

トークテーマ:自分のことに関するネタを作るための100個の質問が投げかけられます。

押さえたい語句・表現:左ページの例文に登場した覚えておきたい単語や表現を掲載。

例文の訳:左ページの例文の日本語訳です。

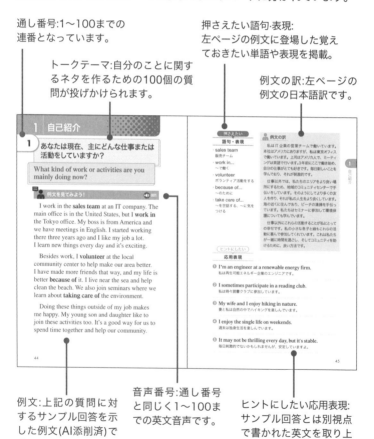

例文:上記の質問に対するサンプル回答を示した例文(AI添削済)です。

音声番号:通し番号と同じく1〜100までの英文音声です。

ヒントにしたい応用表現:サンプル回答とは別視点で書かれた英文を取り上げます。

音声ダウンロードの方法

音声をスマートフォンや PC で、簡単に
聞くことができます。

方法 1 スマホで聞く場合

面倒な手続きなしにストリーミング再生で聞くことができます。

※ストリーミング再生になりますので、通信制限などにご注意ください。
　また、インターネット環境がない状況でのオフライン再生はできません。

このサイトにアクセスするだけ！

↳ https://on.soundcloud.com/Whnss

① 上記サイトに**アクセス！**

② アプリを使う場合は
SoundCloud に
アカウント登録（無料）

方法 2 パソコンで音声ダウンロードする場合

パソコンで mp3 音声をダウンロードして、スマホなどに取り込むこと
も可能です。（スマホなどへの取り込み方法はデバイスによって異なります）

① 下記のサイトにアクセス

https://www.cosmopier.com/
download/4864542111

② 中央のボタンをクリックする

音声は PC の一括ダウンロード用圧縮ファイル（ZIP 形式）でご提供します。
解凍してお使いください。

11

電子版の使い方

スキマ時間を使って
サッと学習できる！

本書購読者は
無料でご使用いただけます！
本書がそのままスマホでも
読めます。

電子版ダウンロードには
クーポンコードが必要です

詳しい手順は下記をご覧ください。
右下の QR コードからもアクセスが
可能です。

電子版：無料引き換えコード
ｆＧＤｅｔ

ブラウザベース（HTML5 形式）でご利用
いただけます。

★クラウドサーカス社 ActiBook 電子書籍
（音声付き）です。
●対応機種
・PC（Windows/Mac）　・iOS（iPhone/iPad）
・Android（タブレット、スマートフォン）

電子版ご利用の手順

❶コスモピア・オンラインショップにアクセス
　してください。（無料ですが、会員登録が必要です）

https://www.cosmopier.net/

❷ログイン後、カテゴリ「電子版」のサブカテゴリ「書籍」をクリックします。

❸本書のタイトルをクリックし、「カートに入れる」をクリック。

❹「カートへ進む」→「レジに進む」と進み、「クーポンを変更する」をクリック。

❺「クーポン」欄に本ページにある無料引き換えコードを入力し、「登録する」をクリック。

❻０円になったのを確認して、「注文する」をクリックしてください。

❼ご注文を完了すると、「マイページ」に電子書籍が登録されます。

第 1 章

AIを活用して
英作文するには？

AIを活用して英作文のスキルを アップしよう！

2022年11月末にChatGPTが登場し、英語学習や仕事に使える、と話題を集めました。あっという間に全世界でユーザー数1億人を突破し、すでにChatGPTを使ったことがある、という方も多いと思います。あるいは、ChatGPTについて聞いたことはあるけれども、まだうまく使えていない、使う方法がわからない、という方もいるかもしれません。

この本では、ChatGPTなどの対話型AIをフル活用して英作文の効果的な練習をする方法をご紹介しています。基本的にはChatGPTで動作確認をしていますが、他の自然言語で使えるAI（Microsoftの CopilotやGoogleのGeminiなど）も基本的な使い方は同じです。

本書では英作文の練習法をご紹介するだけでなく、実際に100個のネタで英作文の練習ができるようにしています。基本の自己紹介から始めて、徐々により複雑なテーマに挑戦していきましょう。AIの力を借りると、英作文の練習が楽しく、そして効果的なものになります。本書で取り組んだ練習をきっかけにすれば、きっとあなたの英語学習に大きな変化が起きるはずです。

英語学習をすでに始めている方は、学生時代に学んだことも含めて、単語や文法などの基礎的な学習を積み上げたり、リーディング、ライティング、リスニング、スピーキングの4技能に分けて練習をしたりしてきたのではないでしょうか。または、「学生時代には英語が苦手で避けてきたけれども、やはり英語を身につけたい、英語力をアップしなければならない」、と社会人になってから一念発起して英語をやり直そうとしている方もいるでしょう。

　特に「自分の話したいことを英語で自在に話す」ための実践的な英語力を最短距離で身につけたい方にお勧めなのが、まず英語のライティングから始めることです。英語での発信力を身につけることで、世界中の人々とつながり、自分の関心のある分野の新しい情報に触れることができます。しかし、これまで私たち英語学習者にとって、英作文は難しい学習法でした。なぜでしょうか。

　まず自然な英語表現を知って自分のものにするには、継続的なライティング練習と添削が必要だからです。従来は英作文をしたら、誰かに添削してもらう必要がありました。また文法的に正しいかだけでなく、自然な表現を見つけるのはさらに難しかったと思います。日本語で言いたいニュアンスがわかった上で、それを自然な英語に変換できる人に聞く必要があったからです。検索でいろいろな表現を見つけても、どれが最もふさわしいのか、今でも使っている表現なのか、似た表現があったときにどうニュアンスが違うのか、といったことは学習者にはなかなかわかりませんでした。しかし今やAIの進化により、これらの英作文の難しさが解消されようとしています。

　AIを活用すると、英作文の練習のプロセスも成果も、大きく変わります。AIは私たちが書いたものを示して「これを添削して」と指示するだけで、瞬時に文法的なミスや単語の誤りを指摘したり、より自然な表現を提案してくれます。AIの活用により英作文の練習が以前よりもずっと手軽で効率的なものになってきたわけです。

　AIは入力した日本語の文や、英語の文の意味を読み取り、その文脈に合った様々な表現を提案してくれます。例えば「私は日本の東京から来ました」と言いたいとき、いつもI'm from Tokyo, Japan. と書いているかもしれません。しかし「I'm from Tokyo, Japan. と同じ意味になる別の表現を3個教えて。それぞれのニュアンスの違いも教えて」と指示すれば、AIはこんな回答を出してきます。

もちろんです。"I'm from Tokyo, Japan."と同じ意味を持つ表現を3つご紹介し、それぞれのニュアンスについても解説します。

"I hail from Tokyo, the heart of Japan."

この表現は、「I'm from Tokyo, Japan.」よりも少し詩的で、東京が日本の中心であることを強調しています。このような表現は、東京の文化的または経済的重要性を示唆しており、話し手の地元への誇りを表していることが多いです。

"Tokyo, Japan is my hometown."

「hometown」という言葉を使うことで、話し手が東京で生まれ育った、または長い間過ごしたことを示唆します。この表現は、単に出身地を述べるよりも、その場所への深いつながりや愛着を感じさせます。

"I originate from Tokyo, a major city in Japan."

こちらは、東京が日本の「主要都市」であることを強調しています。この表現は、東京の国際的な重要性や影響力に言及しており、話し手が都会的な背景を持つことを示しています。

　これらの表現は、同じく基本的な情報を伝えるものの、それぞれ異なるニュアンスや、話し手の出身地に対する感情を表しています。英語で自己紹介をする際には、このような表現を使って、自分の背景に色を加えることもできます。

　このようにAIを活用すると、表現の幅を広げ、自分の言いたいことのニュアンスを丁寧に伝えていけるようになるのです。

　また、ChatGPTなどの対話型AIを活用すると、英語の添削をしてもらったり、表現を提案してもらえることに加えて、もうひとつの大きなメリットがあります。自分がライティングしたものをベースに、AIに質問してもらい、友達のように会話を続けていくことができるのです。これまでの英作文は「正しく書けたら終わり」だったと思いますが、AIが相手なら、それを出発点にさらなる英語学習につなげていくことができるのです。英語学習が孤独なものではなくなり、英語がコミュニケーションのツールであることが楽しく実感できるようになるはずです。

　この章では、AIを活用した英作文の練習のステップ、そして、ChatGPTなどのAIに入力するプロンプト（指示文）の具体例、AIを英語習得にフルに活用する方法をご紹介します。この本を通じて、AIの力を最大限に活用し、英語力をアップしていきましょう。

英作文の練習は自己紹介から始めよう

　試験対策としてライティングを練習する人は、その試験に出てきそうなトピックでライティング練習をすると効率的です。しかし、実践的な英語力を上げるためにライティング練習をするなら、自己紹介や興味関心のあるものについて書く練習をする方が、ずっと効果的です。

　本書の第2章の「自分のことで100ネタ作ろう！」を練習することは、単に英語を書く力を養うだけでなく、自分自身をより深く理解し、英語でのコミュニケーションを豊かにするためのベースになります。特に初対面の人との会話では、自己紹介は重要な役割を果

たします。自分のことを英語で自然に表現できるようになると、相手に伝えたい自分の印象を英語で表せますし、自分に興味を持ってもらうこともできます。そこで100個の質問の最初の20個は、自己紹介に使える内容にしています。

Googleアメリカ本社の副社長兼日本法人社長となった村上憲郎さんは、30歳を過ぎてから本格的に英語を身につけたそうです。著書『村上式シンプル英語勉強法——使える英語を、本気で身につける』（ダイヤモンド社）の中で、自分について100個のネタを語れるように練習することを勧めています。自信をもって英語で話せる話題を100個用意しておくと、堂々と自己紹介ができますし、初対面の人とも何かしら話すことができるでしょう。

また、自分の興味や関心事について話せると、英語での会話をより深いものにすることができます。例えば、趣味や仕事、旅行の経験などについて話すことができれば、相手との会話の中で共通の話題を見つけやすくなり、相手との関係を深めることができます。英語でこれらのトピックについて書く練習をすることで、自分の考えや感情をより具体的に表現できるようになり、英語での会話がより豊かで自然なものになります。

100個の質問の終盤には、ある程度親しくなってきたときにする「ちょっと深い話」に関する質問も入れています。中には、これまで日本語でもされたことのないかもしれないような質問も含まれていて、戸惑う方もいるかもしれません。そのような質問への答えを、一度考えて言語化しておくと、今後はそのことが話題になっても話せるようになります。良い機会だと思って何とか答えを書いてみましょう。

AIを活用した英作文の5ステップ

　AIを活用した英作文は、以下の5つのステップで行いましょう。本書の第2章の100個のネタについては、この5ステップで英作文の練習を行っていくことで、着実に自分に必要な英語力を身につけて、コミュニケーションに使うことができるようになることを目指します。あまり時間がとれない場合には、ステップ4の添削までででも構いません。毎日1個ずつライティング練習（ステップ1〜4）をして、ステップ5は時間のあるときにまとめて行ってもいいでしょう。

Step 1 　回答を真似る

　質問文とその回答のサンプル英文とその和訳を掲載しています。「自分について語れるネタ」のストックを100個作るための、自己紹介、仕事やその他の活動、好きなことなど、様々な質問に答えるためのサンプル英文を読んで、内容を理解するところから始めましょう。音読が好きな方は、サンプル英文を音読してもいいですね。

Step 2 　表現を学ぶ

　サンプル英文に登場した表現以外の使える表現を「ヒントにしたい応用表現」として掲載しています。回答のバリエーションを学び、自分でオリジナルの英文を作成する際の手がかりにしましょう。

Step 3 　AIを活用して書く

　サンプル英文を参考に、自分のオリジナルの英文を書いてみましょう。字数は150ワード（単語数でカウント）以上を目安に書いてみてください。書くときに、表現が思いつかなかったり、迷ったりしたときには、ウェブ検索する代わりにAIに相談しましょう。

書き終わったら内容をAIを使って添削してもらいましょう。AIの添削結果は表形式でまとめてもらい、新しく学んだ表現など、覚えておきたいものを「英作文復習リスト」としてストックしておくと、復習するのに便利です。添削してもらって完成した英文も、「自分を英語で語る100個の英語ネタ」リストにストックしておきましょう。

書いたものをベースに、AIと英会話をしてみましょう。チャットのやり取りのように文字ベースで会話をしても構いませんし、音声で会話をする方法もあります。

ChatGPTと音声で英会話をする方法

ChatGPTと音声で英会話をする方法は2つあります。

まず、ChatGPTのスマートフォン用アプリを使うと、ハンズフリーで音声会話をすることができます。

① ChatGPTの公式アプリをスマホにインストールします。

② ChatGPTのアカウントをウェブ版で作成していない場合はアプリをダウンロードし、アカウントを作成しましょう。ウェブ版で作成済みの場合にはそのアカウントでログインできます。

③ 画面内のヘッドフォンマークを押すと、音声で会話することができます。

④ 話し終えてしばらくするとChatGPTが音声で回答してきます。話し終えた際に何かボタンをタップする必要はありません。

⑤ 声を変更したい場合には、設定画面の「Voice」メニューから
　変更することができます。

　パソコン版（ウェブ版）で音声会話をしたい場合には、以下の方法でできます。

① ウェブブラウザとしてChromeまたはEdgeを使い、拡張機能「Voice Control for ChatGPT」をインストールします。

② 「Voice Control for ChatGPT」をオンにした状態で、ChatGPTのページを開き、ログインします。

③ 下の方の入力フィールドにマイクマークが表示されるので、それをクリックすると音声入力ができます。

④ 入力し終えたら赤いマークを押すと、しばらくしてChatGPTの回答が生成され、自動的に音声で読み上げられます。

　スマートフォンアプリの方は、音声会話をしている間は文字が見られません。音声会話を終えると、文字でどんなやり取りをしていたのかを見ることができます。一方、パソコン版の方は表示された文字を見ながら音声会話ができるので、聞き取りができなくても助けになります。好きな方を使って、ぜひ音声会話にもチャレンジしてみましょう。

英作文の練習に使えるプロンプト14選

　ここからは、Step1からStep5で使えるプロンプト（AIへの指示文）を厳選して14個ご紹介します。プロンプトの型と実際のChatGPTとのやり取りの例を掲載しますので、参考にしてください。

なお、ChatGPTの無料版で使えるGPT-3.5の回答例を載せて
いることをご承知おきください。ChatGPTの有料版（ChatGPT
Plus）を使っている方は、GPT-4で回答を生成した方が、日本語の
精度が高いのでお勧めです。

Step 1　回答を真似る

①なぜその英文になるのかわからないときのプロンプト

プロンプトの型

なぜ以下の日本語が、以下の英文になるのか詳しく教えてくださ
い。必要に応じて英語の文法も説明してください。

日本語：（和訳を入力）

英語：（英文を入力）

以下が実際のChatGPTとのやり取りの例です。

プロンプト

なぜ以下の日本語が、以下の英文になるのか詳しく教えてくださ
い。必要に応じて英語の文法も説明してください。
日本語：朝食を摂ることで脳の働きがよくなることに気づきまし
た。

英語：I find that eating breakfast helps my brain work
better.

ChatGPTの回答（GPT-3.5）

　この日本語文から英語文への翻訳は、文法的な変換と意味の合
致を考慮して行われています。以下に詳しく説明します。

"朝食を摂ることで"：この部分は、英語でeating breakfastに置き換えられています。英語では、行動や状態を表す際に動詞の形で表現することが一般的です。したがって、日本語の「朝食を摂ることで」が英語のeating breakfastに変換されました。

"脳の働きがよくなることに気づきました"：この部分は、英語でhelps my brain work betterに置き換えられています。英語では、何かが助けになる、役立つ場合にhelpという動詞を使用することが一般的です。また、日本語の「気づきました」は英語でfindやrealizeといった動詞で表現され、ここではfindが使われました。

したがって、日本語文の意味を正確に英語に翻訳すると、「I find that eating breakfast helps my brain work better」となります。この文は、朝食を摂ることが脳の働きを改善するのに役立つことを述べています。英語の文法では、動詞を正確に使い、文の構造を適切に整えて、意味を伝えています。

②新しく出会った単語を深く知りたいときのプロンプト

プロンプトの型

以下の単語の意味、品詞、発音記号、同義語、対義語を表形式で出してください。

単語：（単語を列挙）

以下が実際のChatGPTとのやり取りの例です。

プロンプト

以下の単語の意味、品詞、発音記号、同義語、対義語を表形式で出してください。

単語：
realize
fulfillment
fortunate
attention
explore

ChatGPTの回答 （GPT-3.5）

単語	意味	品詞	発音記号	同義語	対義語
realize	気づく、理解する	動詞	ˈrɪəˌlaɪz	understand	overlook, ignore
fulfillment	履行、達成	名詞	fʊlˈfɪlmənt	achievement	failure, nonfulfillment
fortunate	幸運な、幸運に恵まれた	形容詞	ˈfɔːrtʃənət	lucky	unlucky, unfortunate
attention	注意、関心	名詞	əˈtɛnʃən	focus, concentration	disregard, neglect
explore	探求する、探検する	動詞	ɪkˈsplɔːr	investigate, discover	ignore, overlook

③特定の単語や表現を使った例文を作るプロンプト

プロンプトの型

以下の単語・表現を使って英語の例文を10個作ってください。
それぞれの英文の下に和訳もつけてください。

単語・表現：（単語や表現を入力）

以下が実際のChatGPTとのやり取りの例です。

プロンプト

以下の単語・表現を使って英語の例文を3個作ってください。それぞれの英文の下に和訳もつけてください。

単語・表現：vibrant

ChatGPTの回答 （GPT-3.5）

以下は「vibrant」を含む3つの英文例とその和訳です：

The city's nightlife is incredibly vibrant, with clubs and bars open late into the night.

（その都市のナイトライフは非常に活気があり、夜遅くまでクラブやバーが開いています。）

She wore a vibrant red dress that caught everyone's attention at the party.

（彼女は鮮やかな赤色のドレスを着て、パーティーでみんなの注目を浴びました。）

The artist used vibrant colors to create a stunning and lively painting.

（そのアーティストは鮮やかな色を使って見事で生き生きとした絵を描きました。）

Step 2　表現を学ぶ

④もっと他の表現も知りたいときのプロンプト

以下の質問に対する回答として、1文で、30ワード以内の英語の回答例を2つ作ってください。色々なバリエーションの文法、表現、回答内容にしてください。それぞれの英文の後に和訳もつけてください。

質問：（質問内容を入力）

以下が実際のChatGPTとのやり取りの例です。

プロンプト

以下の質問に対する回答として、1文で、30ワード以内の英語の回答例を2つ作ってください。色々なバリエーションの文法、表現、回答内容にしてください。それぞれの英文の後に和訳もつけてください。

質問：休日はアクティブに過ごしていますか？　のんびり過ごしていますか？

ChatGPTの回答　（GPT-3.5）

(1) I like to stay active on holidays, going for hikes and exploring new places.（休日はアクティブに過ごすのが好きで、ハイキングや新しい場所の探索を楽しんでいます。）

(2) I tend to have a relaxed holiday, reading books and taking it easy.（私はのんびりとした休日を過ごす傾向があり、本を読んでリラックスします。）

⑤ニュアンスの違いを知りたいときのプロンプト

プロンプトの型

以下の3つの英文のニュアンスの違いを詳しく教えてください。

（比較したい英文を入力）

以下が実際のChatGPTとのやり取りの例です。

プロンプト

以下の3つの英文のニュアンスの違いを詳しく教えてください。

I'm good at cooking.

I'm skilled at cooking.

I'm talented in cooking.

ChatGPTの回答　(GPT-3.5)

これらの英文は、調理に関するスキルや能力について述べていますが、微妙なニュアンスの違いがあります。以下にそれぞれの文の違いを詳しく説明します。

1.“I'm good at cooking.”（私は料理が得意です。）

　- この文は、誰かが料理を行う能力があることを示しています。“good at”は一般的なスキルや能力を指し、調理が得意であることを強調しています。この文は比較的一般的なスキルを指しており、特別な才能や高度なスキルを意味しません。

2.“I'm skilled at cooking.”（私は料理が上手です。）

　- この文は、料理における高度なスキルや技術を持っていることを示唆しています。“skilled at”は、一般的なスキルよりも高

度なスキルを強調する際に使用されます。したがって、この文は調理に対するより高い技能や経験を示しています。

3. "I'm talented in cooking."（私は料理の才能があります。）

　- この文は、料理に対する特別な才能を強調しています。"talented in"は、誰かがある分野で天賦の才能を持っていることを表現するのに使用されます。この文は、料理がその人の得意なことであり、他の人よりも特別な能力を持っていることを示唆しています。

　したがって、これらの文は全て調理に関するスキルや能力を表現していますが、"good at"は一般的なスキルを指し、"skilled at"は高度なスキルを強調し、"talented in"は特別な才能を強調します。文脈によって、どの表現が最も適切かを選ぶことが重要です。

Step 3 AIを活用して書く

⑥英語の単語や表現が思いつかないときのプロンプト

プロンプトの型

以下の日本語を英語にしたいときに使える表現を3つ教えてください。ニュアンスの違いも教えてください。

日本語：（日本語の内容を入力）

以下が実際のChatGPTとのやり取りの例です。

以下の日本語を英語にしたいときに使える表現を3つ教えてくだ
さい。ニュアンスの違いも教えてください。

日本語：ある程度のにぎやかさは好きだが、騒がしすぎるのは苦
手だ。

ChatGPTの回答 （GPT-3.5）

以下は、日本語の文を英語に翻訳する際に使える3つの表現と、
それぞれのニュアンスの違いを説明します：

1. "I like a certain level of liveliness, but I can't stand too
much noise."

　- この表現では、"にぎやかさ"を"liveliness"と表現し、"騒
がしすぎる"を"too much noise"と表現しています。ニュア
ンスとして、ある程度の活気は好きだが、過度な騒音は受け入
れられないことを強調しています。

2. "I enjoy some noise, but excessive noise bothers me."

　- この表現では、"にぎやかさ"を"noise"と表現し、"騒が
しすぎる"を"excessive noise"と表現しています。この文は、
ある程度の騒音は楽しむが、過度な騒音は不快であることを伝
えています。

3. "I appreciate a bit of hustle and bustle, but I can't
tolerate too much noise."

　- この表現では、"にぎやかさ"を"hustle and bustle"と表
現し、"騒がしすぎる"を"too much noise"と表現しています。
これにより、一部のにぎわいを評価するが、過度な騒音は許容
できないことが伝わります。

⑦日本語特有の表現を英語にしたいときのプロンプト

プロンプトの型

以下の日本語を、この文脈で使うのに適切な英語表現にしてください。日本語のニュアンスをできるだけ忠実に英語にしてください。

日本語：（日本語の表現を入力）

文脈：（どのような文脈で使いたいかを入力）

以下が実際のChatGPTとのやり取りの例です。

プロンプト

以下の日本語を適切な英語表現にしてください。日本語のニュアンスをできるだけ忠実に英語にしてください。

日本語：私は刹那的に生きていた

文脈：自分の若かった頃の選択を振り返り、反省を込めて言いたい

ChatGPTの回答 （GPT-3.5）

以下の英語表現は、「私は刹那的に生きていた」という日本語のニュアンスをできるだけ忠実に表現しています。特に、若い頃の選択についての反省を込めています。

"I used to live in the moment."

"I used to live for the moment."

これらの表現は、過去の行動についての自己評価や反省を含みつつ、若い頃の刹那的な生き方を表現しています。

⑧日常会話での自然な表現を学びたいときのプロンプト

プロンプトの型

以下の内容を英語の日常会話で話したいとき、より自然な表現を2つ教えてください。その2つのニュアンスの違いも詳しく教えてください。

内容：(日本語で言いたい内容を入力)

以下が実際のChatGPTとのやり取りの例です。

プロンプト

以下の内容を英語の日常会話で話したいとき、より自然な表現を2つ教えてください。その2つのニュアンスの違いも詳しく教えてください。

内容：私は友だちと一緒にいることが多く社交的な人間だと思われるが、一人で過ごす時間も必要だ。

ChatGPTの回答 (GPT-3.5)

以下は、与えられた内容を英語で自然に表現するための2つの表現と、それぞれのニュアンスについての説明です：

1. "I often hang out with friends and might come across as sociable, but I also value my alone time."

  - この表現は、友達と一緒に過ごす頻度が高いことを強調しつつ、社交的な印象を受けるかもしれないが、一人での時間も大切にしていることを伝えています。仲間との交流を楽しむ一方で、一人で過ごす時間を尊重していることを示しています。

2. "I'm often seen as an outgoing person since I spend a lot of time with friends, but I also need my solitude."

- この表現は、友達との時間を多く過ごすことから社交的な印象を受けることがあるが、一人でいる時間も必要だと述べています。社交的な側面と、一人での静かな時間のバランスを強調しています。

⑨冠詞で迷ったときのプロンプト

プロンプトの型

以下の内容を英語で言いたいとき、＿＿＿＿＿＿＿の前に冠詞は付けますか？　なぜですか？

内容：（日本語で内容を入力）

以下が実際のChatGPTとのやり取りの例です。

プロンプト

以下の内容を英語で言いたいとき、病院（hospital）の前に冠詞は付けますか？　なぜですか？

内容：私は中学1年のとき、怪我をして救急車で運ばれ、病院で治療を受けた。

ChatGPTの回答　（GPT-3.5）

この文の中で、冠詞"the"を使うかどうかは文脈によります。以下の2つの選択肢が考えられます：

1. "I got injured in my first year of junior high, was taken by an ambulance, and received treatment at the hospital."

2. "I got injured in my first year of junior high, was taken by an ambulance, and received treatment at a hospital."

　どちらの選択も文法的に正しいですが、微妙なニュアンスの違いがあります。

-"at the hospital"を使う場合：特定の病院を指しています。つまり、その時に受けた治療が特定の病院で行われたことを強調します。例えば、ある地域の特定の病院に運ばれた場合、"at the hospital"を使うことで、その病院を指していることがわかります。

-"at a hospital"を使う場合：特定の病院を指すのではなく、一般的な病院で治療を受けたことを示しています。特定の病院の名前を言わない場合や、どの病院で治療を受けたかを重要視しない場合に適しています。

　したがって、どちらを選ぶかは、話す文脈や意図に依存します。特定の病院を指す場合は"the hospital"を使い、一般的な病院を指す場合は"a hospital"を使うことが一般的です。

⑩時制で迷ったときのプロンプト

プロンプトの型

以下の内容を英語で言いたいとき、時制は何を使いますか？　それはなぜですか？
内容：（日本語で内容を入力）

以下が実際のChatGPTとのやり取りの例です。

プロンプト

以下の内容を英語で言いたいとき、時制は何を使いますか？　それはなぜですか？

内容：私は20歳を過ぎて東京に出てくるまで、そんなに人の多い街に住んだことがなかった。

　この文を英語で表現する際、過去の出来事について述べていますが、文脈により過去完了形 (Past Perfect) を使うことが適切です。過去完了形を使用する理由は、過去の特定の出来事が別の過去の出来事よりも前に起きたことを明確に示すためです。正しい文は以下の通りです：

"I had never lived in such a crowded city until I came to Tokyo after turning 20."

　ここで、"I had never lived" は過去完了形で、"until I came to Tokyo" よりも前の出来事であることが強調されています。過去完了形を使用することで、20歳を過ぎる前に経験したことと、その後の出来事との関係が明確になります。

Step 4　AIに添削してもらう

⑪AIに添削してもらいたいときのプロンプト

プロンプトの型

以下の英文を添削してください。単語や表現、文法のミスを徹底的に見つけて厳しく添削してください。原文と修正後の文章を表示し、さらに添削した内容のリストを原文、修正後、修正理由の3項目の表形式で作ってください。

（ライティングした英文を入力）

　以下が実際のChatGPTとのやり取りの例です。

以下の英文を添削してください。単語や表現、文法のミスを徹底的に見つけて厳しく添削してください。原文と修正後の文章を表示し、さらに添削した内容のリストを原文、修正後、修正理由の3項目の表形式で作ってください。

I am difinitely a coffee person. Every morning, I make five cup of coffee with my coffee maker. I usually drink all of them before noon. I love the taste and the way coffee makes me feel wake and ready for the day. It's big part of my morning routine.

ChatGPTの回答 (GPT-3.5)

以下が提供された英文の添削内容です：

原文:

"I am difinitely a coffee person. Every morning, I make five cup of coffee with my coffee maker. I usually drink all of them before noon. I love the taste and the way coffee makes me feel wake and ready for the day. It's big part of my morning routine."

修正:

"I am definitely a coffee person. Every morning, I make five cups of coffee with my coffee maker. I usually drink all of them before noon. I love the taste and the way coffee makes me feel awake and ready for the day. It's a big part of my morning routine."

原文	修正後	修正理由
difinitely	definitely	スペルミスを修正しました。
cup	cups	名詞の複数形が必要です。
wake	awake	"wake" の代わりに "awake" を使用して、文法的な正確さを確保しました。

　さらに「修正した部分を太字にしてください」と、追加で太字指定のリクエストをすることもできます。

⑫より自然な表現を提案してもらいたいときのプロンプト

プロンプトの型

以下の英文のうち、より自然な英語表現に変更できるところがあれば提案してください。

（ライティングした英文を入力）

　以下が実際のChatGPTとのやり取りの例です。

プロンプト

以下の英文のうち、より自然な英語表現に変更できるところがあれば修正してください。修正した箇所を、修正前、修正後の2項目で表形式にまとめてください。

I don't like coffee so much, but I sometimes drink it. It can give me energy to start the day when I need it. But I prefer tea. I enjoy different kinds of tea, especially green tea. Its smell is good. I often drink it to relax after my work. Coffee or tea, they're both nice, and I like having them depending on the time.

 **ChatGPTの回答** （GPT-3.5）

以下が修正前と修正後の表形式の添削内容です：

修正前	修正後
I don't like coffee so much, but I sometimes drink it.	While I'm not a huge fan of coffee, I do indulge in it occasionally.
It can give me energy to start the day when I need it.	It provides a boost of energy to kickstart my day when necessary.
But I prefer tea	However, I have a preference for tea.
I enjoy different kinds of tea, especially green tea.	I savor various types of tea, with a particular fondness for green tea.
Its smell is good.	I love its aromatic fragrance.
I often drink it to relax after my work.	It's a go-to choice for unwinding after work.
Coffee or tea, they're both nice, and I like having them depending on the time.	Whether it's coffee or tea, I appreciate both and choose based on the time of day.

⑬ SNSで投稿するのに適したライティングに直してもらうためのプロンプト

プロンプトの型

以下の英文をSNSで投稿するのに適した表現に修正してください。＿＿＿＿＿＿＿な雰囲気の投稿にしてください。

（ライティングした英文を入力）

以下が実際のChatGPTとのやり取りの例です。

以下の英文をSNSで投稿するのに適した表現に修正してください。カジュアルな雰囲気の投稿にしてください。

I went to the art museum to see Picasso's works yesterday. It was great. I want everyone to enjoy this exhibition.

ChatGPTの回答 (GPT-3.5)

Here's a more casual and SNS-friendly version of your post:

"Checked out some of Picasso's art at the museum yesterday – pretty cool stuff! You gotta see it for yourself. Don't miss out on this exhibition, folks! #PicassoArt #MuseumFun"

もちろん「絵文字を入れて」「ハッシュタグをつけて」のように明示的に指定することもできます。

Step 5　AIと会話する

⑭ライティングした内容をベースにAIと会話を　したいときのプロンプト

プロンプトの型

以下の英作文の内容をベースに英会話の練習をしたいです。あなたから質問をしてください。以下の設定を守ってください。

条件

・あなたは私と初対面で、私のことは知らないという前提で英語で会話をします。

・あなたは1回の発言を50ワード以内にします。

・あなたは私の会話相手として、あなたの発言だけを生成します。

（英作文の内容を入力）

以下が実際のChatGPTとの会話のやり取りの例です。

プロンプト

以下の英作文の内容をベースに英会話の練習をしたいです。あなたから質問をしてください。以下の設定を守ってください。

条件

・あなたは私と初対面で、私のことは知らないという前提で英語で会話をします。

・あなたは1回の発言を50ワード以内にします。

・あなたは私の会話相手として、あなたの発言だけを生成します。

"My favorite seasons are spring and autumn. Recently, summers in Japan have become very hot and difficult to handle. In winter, I don't like the cold. I often want to stay inside under the kotatsu, which is a heated table.

In Japan, spring symbolizes new beginnings, coinciding with the start of the school and business year in April. It's celebrated with ""hanami"", the cherry blossom viewing, where people gather under blooming sakura trees, enjoying the beauty of the flowers. Autumn is cherished for ""koyo"", the colorful changing of the leaves. During this season, I love hiking and visiting parks to admire the vibrant reds and yellows of the foliage.

When I was a child, I used to love summer the most. The main reason was the long summer vacation. We had more than a month off from school. During this time, I would visit my grandparents' house, travel with my family, or have sleepovers at my friends' houses. Although the last day of summer vacation was often stressful because I hadn't finished my homework, these memories are still very precious to me."

 ChatGPTの回答 (GPT-3.5)

ChatGPT

That sounds great! Spring and autumn do have their unique charms. What's your favorite memory from a summer vacation during your childhood?

User

I visited one of my friends who had moved to Osaka when I was 12. It was my first trip alone.

ChatGPT

Wow, that must have been quite an adventure for a 12-year-old! How was your experience visiting your friend in Osaka? Did you do any fun activities or explore the city together?

User

We went to the famous tower in Osaka. My friend's mother took us there. We ate Takoyaki and Okonomiyaki in Shinsaibashi. They were really good.

ChatGPT

Visiting the famous tower in Osaka and trying local dishes like Takoyaki and Okonomiyaki sounds like a fantastic experience! What did you enjoy the most about the trip or any other memorable moments from your visit to Osaka?

　このようにChatGPTと好きなだけ英会話を続けていくことができます。

　条件として、「あなたは私と初対面で、私のことは知らないという前提で英語で会話をします」と記載しましたが、AIに名前をつけて、友達として会話をしてもらうこともできます。その場合には「あなたの名前はJennyです。私の友人として会話してください」のように指示しましょう。

また「あなたは1回の発言を50ワード以内にします」という条件を記載しておかないと、AIは長々と話してしまうことが多いので気をつけましょう。「あなたは私の会話相手としてあなたの発言だけを生成します」も入れておくこともお勧めします。これを入れないと、2人の会話文全体を作ってしまうことがあります。

　以上、AIを活用した英作文で使える14個のプロンプトをご紹介しました。

　プロンプトは必ずこう書かなければいけない、というルールがあるわけではありません。人と話すときと同じように、普通の言葉でリクエストしたり質問したりするだけで、AIは答えてくれます。ただ、AIは人のように、行間を読んだり、言葉になっていない背景を想像することが苦手です。そこで、プロンプトではできるだけ「してほしいことを明確に書く」「条件や状況を詳細に書く」ということを意識しましょう。

　また、注意点として、プロンプトには、個人情報や社外秘情報は入れないようにしましょう。ChatGPTなどの言語モデルの生成AIは、大量の言語データを学習して、それをベースに回答を生成しますが、ChatGPTなどに入力した内容は次のアップデートのための学習に使われる可能性があります。また情報漏洩のリスクもありますので、気をつけてください。

第2章

自分のことで 100ネタ作ろう！

1 あなたは現在、主にどんな仕事または活動をしていますか?

What kind of work or activities are you mainly doing now?

 例文を見てみよう! 001

I work in the **sales team** at an IT company. The main office is in the United States, but I **work in** the Tokyo office. My boss is from America and we have meetings in English. I started working there three years ago and I like my job a lot. I learn new things every day and it's exciting.

Besides work, I **volunteer** at the local community center to help make our area better. I have made more friends that way, and my life is better **because of** it. I live near the sea and help clean the beach. I also join seminars where I learn about **taking care of** the environment.

Doing these things outside of my job makes me happy. My young son and daughter like to join these activities too. It's a good way for us to spend time together and help our community.

語句・表現

- ・sales team
  営業、販売チーム

- ・work in...
  ～で働く

- ・volunteer
  ボランティア活動をする

- ・because of...
  ～のために

- ・take care of...
  ～を世話する、～に気を
  つける

 例文の訳

　私は IT 企業の営業チームで働いています。本社はアメリカにありますが、私は東京オフィスで働いています。上司はアメリカ人で、ミーティングは英語で行います。3年前にここで働き始め、自分の仕事がとても好きです。毎日新しいことを学んでおり、それが刺激的です。

　仕事以外では、私たちのエリアをより良い場所にするため、地域のコミュニティセンターで手伝いをしています。そのようにしてより多くの友人を作り、それが私の人生をより良くしています。海の近くに住んでおり、ビーチの清掃を手伝っています。私はセミナーに参加して環境保護についても学んでいます。

　仕事以外にこれらの活動することが私にとっての幸せです。私の小さな息子と娘もこれらの活動に喜んで参加してくれています。これは私たちが一緒に時間を過ごし、そしてコミュニティを手助けするために、良い方法です。

 ヒントにしたい

応用表現

❶ I'm an engineer at a renewable energy firm.
私は再生可能エネルギー企業のエンジニアです。

❷ I sometimes participate in a reading club.
私は時々読書クラブに参加しています。

❸ My wife and I enjoy hiking in nature.
妻と私は自然の中でハイキングを楽しんでいます。

❹ I enjoy the single life on weekends.
週末は独身生活を楽しんでいます。

❺ It may not be thrilling every day, but it's stable.
毎日が刺激的でないかもしれませんが、安定していますよ。

休日はアクティブに過ごしていますか？
のんびり過ごしていますか？

Do you spend your holidays being active
or relaxing?

 例文を見てみよう！　 002

My weekends are a blend of activity and
relaxation, striking a nice balance. On Saturdays,
I often **venture out with** friends. We might head
to a local park, enjoy a walk, or try a new cafe in
town. It's wonderful to **catch up** and share laughs.

On Sundays, I switch to a more **laid-back**
mode. Staying at home, I **indulge in** reading or
watching my favorite TV shows. However, I must
confess, I usually **end up** watching a lot of funny
cat videos online. It's a bit of a guilty pleasure
and slightly **embarrassing**, but those little furballs
are just too **irresistible**!

In conclusion, whether I'm out socializing or
lounging at home, my weekends are enjoyable
in their own quirky way. They might not always
unfold as planned – like that time I tried to cook a
fancy meal and ended up with a kitchen disaster,
leading to an impromptu pizza order.

語句・表現

· venture out with...
  〜と思い切って出かける

· catch up
  会って話す、近況報告する

· laid-back
  くつろいだ

· indulge in...
  〜に溺れる、〜にふける

· end up...
  結局は〜になる

· embarrassing
  恥ずかしい、ばつの悪い

· irresistible
  抑えられない

· lounge at home
  家でゴロゴロする

応用表現

例文の訳

　私の週末は、活動をしたりリラックスしたりのバランスが取れています。土曜日は思いきって友人と出かけることが多いです。地元の公園に行ったり、散歩を楽しんだり、街の新しいカフェに行ってみたりします。友人と近況報告し合ったり、笑い合ったりするのはとても楽しいです。

　日曜日はのんびりモードに切り替えます。家で読書をしたり、好きなテレビ番組を見たりします。でも、正直に告白すると、私はよく、オンラインで面白い猫の動画をたくさん見てしまいます。ちょっと後ろめたい楽しみで、少し恥ずかしいのですが、あの小さなモフモフ（毛玉）たちはあまりにも魅力的なのです！

　結論として、社交の場に出ようが、家でのんびりしようが、私の週末は、風変わりな方法でも楽しいです。必ずしも計画通りに展開するとは限りません。例えば、豪華な料理を作ろうとしてキッチンが大変なことになり、即席ピザを注文することになったときのように。

❶ Watching movies with my family is a regular weekend thing.
週末は家族と映画鑑賞が定番です。

❷ Gardening and caring for plants is my weekend hobby.
ガーデニングと植物の世話が週末の趣味です。

❸ I relax by reading at a café.
カフェで読書をしてリラックスします。

❹ I cycle or jog in the park for exercise.
運動のために公園でサイクリングやジョギングをします。

❺ To recharge my energy, I like going to hot springs on weekends.
エネルギーを充電するために、週末は温泉に行くのが好きです。

3 どこに住んでいますか？　どんな場所でなぜそこに住むことにしたのですか？

Where do you live? What is it like? Why did you choose to live there?

 例文を見てみよう！　 003

I live in a small town **surrounded by** nature. The town isn't very big, but it has everything I need. There's a supermarket, a few restaurants, and a park where I often **go for walks**. I love how peaceful it is here.

I decided to live here because I wanted a break from the busy city life. In the city, everything was always so fast and **loud**. Here, life is slower and **calmer**. It's not exactly perfect for me, however. Sometimes, it's a little too quiet. There are evenings when the most exciting event is a **squirrel** running across my garden!

I thought I'd miss the city's **hustle and bustle**. But now, I find myself talking to plants and enjoying quiet nights. Sure, my social life isn't as exciting as it used to be, and my friends joke that I'm becoming a bit of a **hermit**. But I like my new, quiet life.

押さえたい
語句・表現

· surrounded by...
　〜に囲まれている

· go for a walk
　散歩する

· loud
　騒々しい

· calm
　静かな、落ち着いた

· squirrel
　リス

· hustle and bustle
　喧騒、雑踏

· hermit
　隠者、世捨て人

ヒントにしたい
応用表現

例文の訳

　私は自然に囲まれた小さな町に住んでいます。町はそれほど大きくありませんが、私が必要とするものはすべてあります。スーパーマーケットやいくつかのお店、そしてよく散歩に行く公園です。この町の落ち着いたところが大好きです。

　忙しい都会の生活から離れたいと思って、ここに住むことにしました。都会では、すべての物事が速くて騒々しかったです。ここでは、生活がゆっくりとしていて穏やかです。でも私にとって完璧だというわけではありません。時々、少し静かすぎることもあります。庭を横切るリスを見るのが、夕方の最もエキサイティングな出来事だったりします！

　私は都会の喧騒が恋しくなるだろうと思っていました。でも今は植物と話したり、静かな夜を過ごすのを楽しんでいます。確かに、私の社会生活は以前ほど刺激的ではありません。友達は私がちょっと隠者になっていると冗談を言います。ですが、新しい、静かな生活が好きです。

❶ I live in Tokyo, Japan, because it's a vibrant city with many job opportunities.
私が日本の東京に住んでいるのは、活気があり、就職の機会が多いからです。

❷ I chose to live in Osaka, Japan, for its lively atmosphere and great food. 日本の大阪に住んでいるのは、活気のある雰囲気があって食べ物が美味しいからです。

❸ I'm in Okinawa, Japan, for the beaches and relaxed lifestyle. 日本の沖縄に住んでいるのは、ビーチとのんびりしたライフスタイルが好きだからです。

❹ I'm living in a quiet town in rural Japan for peace and nature.
平穏と自然を求めて、日本の田舎の静かな町に住んでいます。

❺ I chose Nagoya, Japan, for its industrial opportunities and covenient location.
名古屋を選んだのは、産業が盛んで、便利な場所だからです。

4 あなたはインドア派ですか？ アウトドア派ですか？

Are you an indoor or outdoor person?

I think I'm a mix of indoor and outdoor. I love spending time at home, especially on lazy days. Reading books, watching movies, and sometimes trying to cook something special are my favorite indoor activities. There's something **comforting** about being in my own space, **surrounded by** my things.

But I also enjoy being outdoors. I like going for walks in the park or biking around my **neighborhood**. It's refreshing to feel the **breeze** and see the sky. However, I'm not the most **adventurous** person. My idea of an outdoor activity sometimes just means sitting in the garden with a cup of tea and watching the birds.

Even though I like the outdoors, I**'m** not very **good at** sports or hiking. I tried hiking once, and let's just say I spent more time **admiring** the view and catching my breath than actually walking. So, I guess you could say I'm an indoor person who likes the idea of being outdoors.

語句・表現

- comforting
  慰めになる

- surrounded by...
  ～に囲まれている

- neighborhood
  近所

- breeze
  そよ風

- adventurous
  大胆な、冒険好きな

- be good at...
  ～が得意である

- admire
  ほめる

応用表現

 例文の訳

　私はインドアとアウトドアの両方が好きだと思います。特に暇な日には家で過ごすのが大好きです。本を読んだり映画を観たり、時には何か特別な料理に挑戦するのが、屋内でするお気に入りのことです。自分の空間にいて自分のものに囲まれているのは何とも心地良いものです。

　ですが、屋外で過ごすのも楽しいです。公園を散歩したり、近所を自転車で走ったりするのが好きです。風を感じたり、空を見たりするのは清々しいですね。ただ、私はそれほど冒険好きな人間ではありません。私にとってのアウトドアの活動とは、時にはただ庭でお茶を飲みながら鳥を眺めることだったりします。

　屋外好きなのに私はスポーツやハイキングが得意ではありません。一度ハイキングを試みましたが、実際に歩くことよりも景色を楽しんだり息を整えたりする時間の方が長かったとだけ言っておきましょう。ですから、私は屋外にいると考えることが好きな室内派と言えるかもしれません。

① I'm an indoor person; I love reading and watching movies at home.
　インドア派で、家で本を読んだり映画を観たりするのが好きです。

② I'm more of an indoor type, enjoying cooking and painting.
　どちらかというとインドア派で、料理をしたり、絵を描くのが好きです。

③ I like both; indoors for gaming and outdoors for sports.
　屋内ではゲーム、屋外ではスポーツ。どちらも好きです。

④ Outdoor activities like camping and fishing are my favorites.
　キャンプや釣りなどのアウトドアでする活動が好きです。

⑤ I'm an outdoor person, always looking for new adventures.
　アウトドア派で、いつも新しい冒険を探しています。

5

出身地について教えてください。どんな
場所でどんな思い出がありますか？

Please tell me about your hometown. What
is it like? What memories do you have of it?

 例文を見てみよう！ 005

I come from a small **coastal** town. The town is
known for delicious seafood. There's a sense of
calmness in the air, and the people are friendly
and welcoming. I loved growing up so close to
the sea.

My childhood **was filled with** days spent on
the beach, building sandcastles, and playing in the
water. My family would often go fishing. When
I tried to fish, I could only catch seaweed or old
boots! It was always a fun adventure, though,
even when we didn't catch much.

One funny memory is of our town's **annual**
festival. It's a big event with music, dancing,
and lots of food. I once entered a **three-legged
race** with my best friend. We thought we were
unbeatable, but we **tripped over** each other and
fell down right from the start! We didn't win
the race, but we did win lots of laughs from the
crowd.

語句・表現

· coastal
沿岸の

· calmness
静けさ

· be filled with...
〜で満たされる

· annual
例年の

· three-legged race
二人三脚

· unbeatable
負けない

· trip over
つまずく、よろける

応用表現

 例文の訳

私は小さな海沿いの町の出身です。この町はおいしい海の幸で知られており、落ち着いた雰囲気があり、人々は親しみやすく友好的です。海のそばで育ったことを私は気に入っていました。

子供の頃は、砂浜で砂の城を作ったり水遊びをしたりする日々でした。私の家族はよく釣りに行きました。釣りをしようとしたのですが、魚ではなく海藻や古いブーツばかりを釣ってしまったこともありました！ あまり釣れないときでさえ、それでもいつも楽しい冒険でした。

特に面白い思い出は、私たちの町の毎年のお祭りです。音楽、踊り、それにたくさんの食べ物が出る一大イベントです。一度、親友と一緒に二人三脚に出場しました。私たちは無敵だと思っていましたが、最初に、二人ともつまずいて、一緒に倒れてしまいました！ レースには勝ちませんでしたが、観客からはたくさんの笑いを勝ち取りました。

❶ **I'm from a small town in Tohoku, known for its beautiful forests and family traditions.** 私は美しい森と家の伝統が生きていることで知られる東北の小さな町の出身です。

❷ **I grew up in Tokyo, a bustling city full of life and amazing food.**
私は東京で育ちました。東京は活気にあふれていて食べ物もおいしい街です。

❸ **I was raised in a coastal town in Miyazaki, filled with sunny beaches and surfing.** 宮崎県の海岸沿いの町で育ち、陽光が降り注ぐビーチでサーフィンを楽しみました。

❹ **My birthplace is a historical city in Kyoto, rich in culture and temples.** 私の生まれ故郷は京都の歴史的な街で、豊かな文化と多くの寺院があるところです。

❺ **I'm from an island named Shodoshima with beautiful beaches and warm people.**
私は美しいビーチと温かい人々に恵まれた小豆島出身です。

6

あなたは朝型ですか？　夜型ですか？

Are you a morning person or a night owl?

 例文を見てみよう！

I am definitely a **night person**. I find it really hard to wake up early. The **snooze button** on my **alarm clock** is probably the most used thing in my house! I enjoy the quiet and calm of nighttime. It's when I feel most creative and **productive**.

During the day, I often find myself dreaming about the evening when I can relax. My energy levels seem to peak as the sun sets. I love watching movies late into the night or reading a book with a cup of tea. However, this means I often end up staying awake much later than I planned to, which isn't always the best thing for my sleep schedule, or my health.

Every now and then, I try to become a **morning person**. I set **ambitious** goals to wake up early and go for a run. But **let's be honest**, most of the time, I end up hitting snooze and promising myself I'll try again tomorrow.

語句・表現

· night person
夜型の人

· snooze button
押すと一度止まるがまた
鳴り出すボタン

· alarm clock
目覚まし時計

· productive
生産的な

· morning person
朝型の人

· ambitious
野心的な

· let's be honest
正直に言おう

応用表現

例文の訳

　私は間違いなく夜型の人間です。早起きするのは本当に苦手です。私の家で一番よく使われるのは目覚まし時計のスヌーズボタンかもしれません！　夜の落ち着いた静かな時間が楽しいのです。創造的で生産的に感じられる時間です。

　日中はよく、夜にリラックスできることを夢見ています。日が沈むと、私のエネルギーレベルはピークに達するようです。夜遅くまで映画を見たり、お茶を飲みながら本を読むのが大好きです。しかし、しばしば予定よりもずっと遅くまで起きていることになり、睡眠スケジュールと健康には必ずしも良いことではありません。

　時々、朝型の人間になろうと試みます。早起きしてランニングに行くという野心的な目標を立てます。ですが、正直に言うと、ほとんどの場合はスヌーズを押して、「明日こそは」と自分に約束することになります。

❶ Definitely a night owl, I feel more creative and productive at night.
私は絶対に夜ふかしするタイプで、夜はより創造的で生産的だと感じます。

❷ I'm an early bird, starting my day with yoga and meditation.
私は早起きで、ヨガと瞑想で1日を始めます。

❸ I'm more active at night; evenings are my most energetic time.
夜になると活動的になりますが、日没後が最もエネルギッシュな時間です。

❹ I prefer mornings because it feels like a fresh, new beginning.
朝が好きなのは、新鮮で新しい始まりを感じるからです。

❺ Nighttime suits me best; I enjoy the calm and stillness.
夜が一番しっくりきます。落ち着くし、静けさを楽しめるからです。

7

あなたの名前の由来は何ですか？ 誰が名付けてくれましたか？

What is the origin of your name? Who named you?

 例文を見てみよう！ 007

My name, Keiko, has a story that always brings a smile to my face. I grew up thinking that my dad named me Keiko because it means 'a child who brings **blessings**.' I always felt quite honored, believing that my name carried such a beautiful and meaningful **sentiment**.

However, as I got older, the true origin of my name was **revealed**, and it was not as poetic as I thought! It turns out, my dad named me after his favorite actress. My name, which I thought was a symbol of grace and blessings, was actually inspired by a celebrity **crush**! When I found out, I **couldn't help but** laugh.

It's **amusing** to think that my name, which I had carried with such pride, actually came from youthful **admiration**. Of course, when I was thinking of a name for my son, I didn't name him after my favorite actor.

語句・表現

· blessing
  恵み、恩恵

· sentiment
  感情、情趣

· reveal
  明かす

· crush
  憧れ、ベタ惚れ

· can't help but...
  〜せずにいられない

· amusing
  楽しい、面白い

· admiration
  憧れ、称賛の的

例文の訳

　私の名前「恵子」には、いつも私の顔を笑顔にさせるような話題があります。私は父が「恵みを与える子」という意味の「恵子」と名付けてくれたと思って育ちました。その名前がとても美しく深い意味を持つと信じ、光栄に思っていました。

　しかし、大人になるにつれて、私の名前の本当の由来が明らかになると、思っていたほど詩的ではありませんでした！　実は、父は自分の好きな女優の名前から取って私の名前にしたのです。私が恵みと優雅さの象徴だと思っていた名前は、実は芸能人への憧れからインスパイアされたものでした！　そのことを知ったとき、笑わずにはいられませんでした。

　自分の名前に誇りを持ってきたのに、実は父の若かりし頃の憧れから来ていたと考えると面白いです。私が息子の名前を考えるときには、もちろん、好きな俳優から名付けたりはしませんでしたよ。

応用表現

❶ **My name, Reika, was chosen by my parents for its classic and elegant sound.**
私の名前の麗華は、その古典的で上品な響きに惹かれて両親が選びました。

❷ **I was named Kazuya after my grandfather, keeping the family tradition.**　私は一家のしきたりにならい、祖父の名前にちなんで和也と名付けられました。

❸ **My mother named me Sakura because I was born during cherry blossom season.**
母は、私が桜の季節に生まれたので私に「さくら」と名付けました。

❹ **My dad named me Leo because of his fascination with astrology.**
父は占星術に魅せられて私にレオ（獅子座の意味）と名付けました。

❺ **I was named Maya, inspired by the ancient civilization, by my history-loving father.**
マヤと名付けられたのは歴史好きの父が古代文明に着想を得たからです。

8 あなたの強みは何ですか？ 弱点は何ですか？

What are your strengths?
What are your weaknesses?

 例文を見てみよう！　　　　　 008

One thing I'm really good at is cooking. I love **experimenting** with different recipes and **ingredients**. My friends and family always enjoy my dishes, and they often ask me to cook for **gatherings**. It's a joy to see people happy with the food I prepare.

On the other hand, I'm not so great at sports. I've tried various things like soccer, basketball, and even tennis, but let's just say that it didn't go very well. My **attempts** usually end up with me missing the ball or tripping over my own feet.

I love music and enjoy dancing, but I'm not exactly **graceful**. My friends **jokingly** call my dance moves 'unique,' which is a kind way of saying I dance like a robot! So, I'm a great cook but a not-so-great athlete or dancer, and that's perfectly fine with me. I plan to develop and **nurture** my strengths.

押さえたい
語句・表現

- experiment
  試みる
- ingredient
  材料、成分
- gathering
  集まり
- attempt
  試み、挑戦
- graceful
  優雅な
- jokingly
  冗談めかして
- nurture
  育てる

例文の訳

　私の得意なことのひとつは料理です。いろいろなレシピや材料を試すのが大好きです。私の友人や家族はいつも私の料理を喜んでくれるし、よく集まりのときの料理を頼まれます。私が作った料理でみんなが喜んでくれるのを見るのはうれしいです。

　一方、スポーツはあまり得意ではありません。サッカー、バスケ、さらにテニスといろいろやってみましたが、上手くいかなかった、と言っておきましょう。挑戦しても、ボールを取り損ねたり、自分の足につまずいたりすることが多いのです。

　私は音楽が大好きでダンスを楽しんでいますが、決して優雅には踊れません。友人たちは冗談めかして私のダンスの動きを「ユニーク」と呼びますが、これはロボットさながらの踊りの思いやりをこめた表現です！　だから私は料理は得意だけど、運動やダンスはあまり得意ではありません。そして、私にはそれでいいのです。私は得意なことを大切に伸ばしていこうと思います。

ヒントにしたい
応用表現

❶ I'm good at cooking but bad at singing.
料理は得意ですが、歌うのは苦手です。

❷ My strength is writing, but I'm not great at sports.
得意なのは文章を書くことですが、スポーツは苦手です。

❸ I'm skilled at drawing but find driving challenging.
絵を描くのは得意ですが、運転は難しいです。

❹ I'm proficient in playing the guitar but poor at dancing.
ギターを弾くのは得意ですが、ダンスは苦手です。

❺ I'm talented in photography but struggle with time management.
写真の才能はありますが、時間管理が苦手です。

9 どんな性格ですか？ どんな人だと他人から言われることが多いですか？

What is your personality like?
How do others usually describe you?

 例文を見てみよう！

I am a very curious person and I love trying new things. Meeting new people and **experiencing** different cultures excites me. I always look for **opportunities** to step out of my **comfort zone** and try something I haven't done before.

People often tell me that my interests change frequently. Every time they see me, I'm usually involved in something new. People often say they get inspired to try new movies or books after I recommend them. I think I have a strong **desire** to share things I enjoy or find interesting.

However, I also need time to be alone and quiet. Even though I am social and don't like being lonely, having some **solitary** time is important for me. It helps me **recharge** and reflect on my experiences. This balance of socializing and **solitude** seems to be essential for my well-being.

押さえたい
語句・表現

· experience
経験する

· opportunity
機会

· comfort zone
居心地の良い場所

· desire
欲望、願望

· solitary
孤独の

· recharge
充電する

· solitude
孤独

 例文の訳

　私は好奇心が旺盛で新しいことに挑戦するのが大好きです。新しい人々と出会い、異文化を体験するとわくわくします。自分の居心地のいい場所から一歩踏み出して経験のないことに挑戦する機会をいつも探しています。

　よく人に言われるのは、私の興味は頻繁に変わるということです。会うたびに、私はたいてい何か新しいことに取り組んでいます。私が新しい映画や本を勧めると、それに触発されて観たり読んだりしたくなるとよく言われます。私は、自分が楽しんだり面白いと思うことを分かち合いたいという強い欲求を持っているのだと思います。

　しかし、一人で静かに過ごす時間も必要です。社交的で孤独を好まない私でも、一人の時間を持つことは大切なのです。充電し、自分の経験を振り返るのに役立ちます。この社交と孤独のバランスは、私が幸福な状態でいるのに不可欠なようです。

応用表現

❶ **I'm quiet and thoughtful; people say I'm a good listener.**
私はもの静かで思慮深く、聞き上手だと言われます。

❷ **People often say I'm creative and a bit quirky.**
クリエイティブで少し風変わりだとよく言われます。

❸ **I'm generally cheerful and optimistic, always seen with a smile.**
私は概して明るく楽観的で、いつも笑顔でいます。

❹ **I've been told I'm patient and calm in tough situations.**
私は忍耐強く、困難な状況でも冷静だと言われます。

❺ **I'm known for being compassionate and empathetic towards others.**
私は他人を思いやり、共感することで知られています。

あなたはコーヒーと紅茶、どちらが好きですか？

Do you prefer coffee or tea?

 例文を見てみよう！

I am definitely a coffee person. Every morning, I make five cups of coffee with my coffee maker. I usually drink all of them before noon. I love the taste and smell of coffee because I feel **awake** and ready for the day. It's a big part of my morning routine.

On weekends, I enjoy spending time in cafes where I can drink delicious coffee. I like to read books or chat with the cafe owner. I sometimes think that having a cafe in my **workplace** would make everyone more **productive**. The **environment** in a cafe, combined with good coffee, can be very inspiring and **energizing**.

However, there was a time when I drank too much coffee and had trouble sleeping. Since then, I have been switching to **decaf coffee** after 4 pm. It helps me enjoy coffee without **affecting** my sleep. This change has been good for my health and sleep quality.

押さえたい
語句・表現

- awake
  目が覚める
- workplace
  職場
- productive
  生産的な
- environment
  環境
- energizing
  活力を与えてくれる
- decaf coffee
  カフェインレスのコーヒー
- affect
  影響を与える

ヒントにしたい
応用表現

 例文の訳

　私は断然コーヒー派です。毎朝、コーヒーメーカーで5杯のコーヒーをいれます。たいてい昼前には全部飲み干します。コーヒーの味と香りが好きです。コーヒーを飲むと目が覚めて、その日の準備ができたように感じます。私の朝の日課の大きな部分を占めています。

　週末は、おいしいコーヒーが飲めるカフェで過ごすのが好きです。本を読んだり、カフェのオーナーとおしゃべりしたりするのも好きです。職場にカフェがあったら、みんなの生産性がもっと上がるんじゃないかと思うこともあります。カフェの環境というのは、おいしいコーヒーと相まって、とても刺激的で活力を与えてくれます。

　しかしコーヒーを飲みすぎて眠れない時期がありました。以来、午後4時以降はカフェイン抜きのコーヒーに切り替えるようになりました。そうすることで睡眠に影響を与えることなく、コーヒーを楽しむことができています。こうした変化は私の健康と睡眠の質にとって良いことです。

❶ I prefer tea, especially green tea for its calming effect.
お茶が好きで、特に緑茶は心を落ち着かせる効果があります。

❷ I'm a coffee lover; I need my morning espresso to start the day.
コーヒーが大好きで、1日の始まりには朝のエスプレッソが欠かせません。

❸ I'm more of a tea enthusiast; Earl Grey is my favorite.
どちらかというと紅茶が好きで、アールグレイがお気に入りです。

❹ I love herbal teas for their health benefits and flavor.
ハーブティーは健康にもいいし、風味もいいので大好きです。

❺ I enjoy both, coffee in the morning and tea in the evening.
朝はコーヒー、夜は紅茶と、両方を楽しんでいます。

11

あなたの好きな食べ物を
紹介してください。

Please tell me about your favorite food.

 例文を見てみよう！

I really like Italian and Spanish food. My favorite is pizza or pasta **loaded with** cheese. As for Spanish **cuisine**, I am a big fan of seafood paella. The combination of seafood and the firm texture of the rice is delicious. Sometimes, I buy paella kits and make it at home.

Recently, I have started enjoying Japanese cuisine as well. There's a restaurant near my home that serves Japanese dishes with fresh vegetables and fish. I go there often now. The **flavors** are so different from Italian and Spanish food, but equally delicious. I like eating oden during the cold season. It's a warm, **comforting** dish with soft flavors that make me feel relaxed and happy.

Japanese food has a **simplicity** and elegance that I really appreciate. The way that fresh **ingredients** are used to create **subtle** yet flavorful dishes is amazing. I can't make Japanese food properly myself, so I have to eat it at restaurants.

· be loaded with...
　〜をいっぱい詰め込んだ

· cuisine
　料理

· flavor
　味、風味

· comforting
　ほっこりする

· simplicity
　簡素、シンプルさ

· ingredient
　材料、原料

· subtle
　微妙な、繊細な

ヒントにしたい
応用表現

例文の訳

　イタリア料理とスペイン料理が好きです。好きなのはピザとチーズたっぷりのパスタ。スペイン料理ではシーフードのパエリアが大好物です。魚介類とお米のしっかりした食感の組み合わせがおいしいのです。パエリアキットを買って家で作ることもあります。

　最近は日本料理も楽しむようになっています。家の近所に新鮮な野菜や魚を出す和食のお店があるのです。そこによく行きます。味はイタリア料理やスペイン料理とは全然違うけれど、同じくらいおいしいです。寒い季節にはおでんも好きです。温かくてほっこりする優しい味で、リラックスして幸せな気分になれます。

　日本料理にはシンプルさと上品さがあり、私はとても気に入っています。新鮮な食材を使い、繊細でありながら風味豊かな料理を作る方法は素晴らしいです。自分ではきちんとした和食を作れないので、お店で食べるしかありません。

❶ I can't resist a good burger with all the toppings.
トッピングを全部のせたハンバーガーがたまりません。

❷ I'm a fan of Thai food, especially spicy green curry.
タイ料理、特にスパイシーなグリーンカレーが好きです。

❸ My favorite is chocolate cake; it's rich and indulgent.
私が一番好きなのはこってりしてぜいたくなチョコレートケーキです。

❹ I enjoy fresh salads with lots of fruits and vegetables.
フルーツや野菜をたっぷり使った新鮮なサラダが好きです。

❺ I'm passionate about Japanese ramen; it has wide variation and is full of flavor.
私は様々な種類があり、味わい豊かな日本のラーメンに夢中です。

12

あなたの好きな季節はいつですか？
それはなぜですか？

What is your favorite season? Why?

 例文を見てみよう！ 012

My favorite seasons are spring and autumn. Recently, summers in Japan have become very hot and **difficult to handle**. But I don't like cold winters either. I often want to stay inside under the kotatsu, which is a **heated table**.

In Japan, spring **symbolizes** new beginnings. It's celebrated with "hanami", or **cherry blossom viewing**, where people gather under **blooming** sakura trees. Autumn is cherished for "koyo", or fall colors on leaves. During this season, I love visiting parks to admire the vibrant reds and yellows of the foliage.

When I was a child, I loved summer the most. We had more than a month off school. During that time, I would visit my grandparents, travel with my family, or **have sleepovers** at friends' houses. Although the last day of summer vacation was often stressful because I hadn't finished my homework, some memories are still very precious to me.

語句・表現

- difficult to handle
  扱いにくい

- heated table
  コタツ

- symbolize
  象徴する

- cherry blossom
  viewing
  お花見

- blooming
  花の咲いた

- have sleepovers
  お泊まりをする

 例文の訳

　私が好きな季節は春と秋です。最近、日本の夏はとても暑くて大変です。冬が寒いのも苦手です。ずっとコタツに入っていたいと思います。コタツとはヒーター付きのテーブルのことです。

　日本では、春は新しい始まりの象徴です。春には「お花見」をします。お花見では、咲き誇る桜の木の下に人々が集まります。秋は葉が秋の色に染まった「紅葉」を愛でます。この季節、私は公園を訪れて、鮮やかな赤や黄色になった紅葉を楽しみます。

　子供の頃は、夏が一番好きでした。学校は1カ月以上休みでした。その間、祖父母の家に行ったり、家族で旅行に行ったり、友達の家でお泊まり会をしたりしました。夏休みの最終日は宿題が終わっていなくてストレスがたまることも多かったけれど、それもとても大切な思い出です。

応用表現

❶ Summer is the best for me; I enjoy the beach and sunshine.
夏が一番好きです。ビーチで日光浴を楽しみます。

❷ Spring is my favorite, as nature comes alive with flowers.
春は花が咲き乱れ、自然が活気づくので大好きです。

❸ I adore summer for its long days and outdoor activities.
夏は日が長く、アウトドア・アクティビティが楽しめるので大好きです。

❹ Winter is my choice for the festive atmosphere and holiday spirit.
お祝いの雰囲気と休日気分が味わえる冬を私は選びます。

❺ Autumn is special to me because of the comfortable temperatures and beautiful scenery.
秋は快適な気温と美しい景色が楽しめるので、私にとって特別な季節です。

13 小さい頃は活発でしたか？
大人しかったですか？

Were you active or quiet as a child?

 例文を見てみよう！ 013

When I was little, I was very active. Every day, I would play outside with my friends in the **neighborhood** until it got dark. I remember **getting scolded** for climbing on blocks at **construction sites**. We also used to roller skate and skateboard down **steep** hills. Looking back, it was quite dangerous!

We played baseball and soccer in the park too. Nowadays, I notice that in many city parks, playing ball games **is not allowed**. So, you don't see kids playing like that as much. It's a bit sad because playing sports in the park was so much fun and a big part of my childhood.

I ran around a lot as a child, but now I just **run out of breath**! My child is still in **elementary school**. I hope we can go running together or play sports like futsal. It would be a good way for both of us to stay active and fit. I think I should **build up** my stamina again.

語句・表現

· neighborhood
  近所

· get scolded
  叱られる

· construction sites
  建設現場

· steep
  急な

· be not allowed
  許されない

· run out of breath
  息切れする

· elementary school
  小学校

· build up
  築き上げる

応用表現

例文の訳

小さい頃、私はとても活発でした。毎日、暗くなるまで近所の友達と外で遊んでいました。建設現場のブロックに登っては叱られたことを覚えています。ローラースケートやスケートボードに乗って急な坂を下ったりもしました。今思えばかなり危険でした！

公園で野球やサッカーをしたりもしました。今では多くの都会の公園でボール遊びは禁止されているのに気づきます。だから、そういう遊びをする子供たちをあまり見かけなくなりました。公園でスポーツをするのはとても楽しかったし、私の子供時代の大部分を占めていたから、ちょっと悲しいことです。

子供の頃はあんなに走り回っていたのに、今はすぐに息切れしてしまいます。うちの子供はまだ小学生。一緒に走ったり、フットサルのようなスポーツができたらいいですね。私たちにとって活発で健康を保つのに良い方法です。もう一度体力をつけるべきですかね。

❶ I was a quiet kid, preferring to read and draw indoors.
私は大人しい子供で、室内で本を読んだり絵を描いたりするのが好きでした。

❷ I was quite energetic, constantly involved in sports.
私はかなりエネルギッシュで、常にスポーツに熱中していました。

❸ I was a calm child, enjoying peaceful activities like puzzles.
私は穏やかな子供で、パズルのような黙ってやる活動を楽しんでいました。

❹ As a child, I was full of energy, always biking or swimming.
子供の頃は元気いっぱいで、いつも自転車に乗ったり水泳をしていました。

❺ I was a subdued child, fond of listening to stories and daydreaming.
私は大人しい子供で、物語を聞いたり空想したりするのが好きでした。

**Are there any memorable events from
your childhood?**

 例文を見てみよう! 014

When I was young, I was very shy. But in the
second grade of elementary school, something
happened that changed me. My teacher, wanting
to help me **build confidence**, asked me to **give
a greeting** at the opening ceremony. I wrote my
own speech and practiced it many times. When
the day came, I **managed to** deliver the greeting
well. This experience gave me confidence in
speaking in front of people.

I have forgotten the name of that teacher, but
I remember her face very well. She had a kind
smile. I **am** very **grateful to** her. It's a memory
that still means a lot to me.

Even now, when I have to give presentations
at work, I get a bit nervous. But I know that
practicing a lot is the key to feeling confident
while presenting. This early experience in
school really helped shape how I approach **public
speaking** and facing **challenges**.

語句・表現

· build confidence
自信をつける

· give a greeting
挨拶をする

· managed to...
何とか〜する

· be grateful to...
〜に感謝する

· while presenting
プレゼンテーション中

· public speaking
人前で話すこと

· challenge
挑戦

応用表現

 例文の訳

　幼い頃、私はとても内気でした。でも小学校2年生のとき、私を変える出来事がありました。私に自信をつけさせようとした先生が、始業式で挨拶をするように言ってきたのです。私は自分でスピーチの原稿を書き、何度も練習しました。そして当日、何とかうまく挨拶をすることができました。この経験が人前で話す自信を与えてくれました。

　その先生の名前は忘れてしまったのですが、顔はよく覚えています。優しい笑顔の持ち主でした。彼女にはとても感謝しています。今でもとても大切な思い出です。

　今でも仕事でプレゼンテーションをしなければならないときは、少し緊張します。でも、たくさん練習することが、自信を持ってプレゼンをする秘訣だと知っています。この小学校時代の早い段階での経験が、人前で話したり困難に立ち向かう方法を身につけさせてくれました。

❶ **I vividly remember winning my first school art competition as a child.** 子供の頃、最初の学校の美術コンクールで優勝したことを鮮明に覚えています。

❷ **A memorable event was catching my first fish with my grandfather.**
忘れられない出来事は、祖父と初めて魚を釣ったことです。

❸ **I distinctly remember getting lost in a park and finding my way back.**
公園で道に迷い、帰り道を見つけたことを鮮明に覚えています。

❹ **I'll never forget the excitement of my first bicycle ride without training wheels.**
初めて補助輪なしで自転車に乗ったときの興奮は忘れられません。

❺ **I clearly remember my first day at school; I was nervous but excited.** 初めて学校に行った日のことはよく覚えています。緊張しながらも、ワクワクしました。

子供の頃の夢は何でしたか？

What was your dream when you were a child?

 例文を見てみよう！　 015

When I was little, I dreamed of becoming a **novelist**. I even tried writing something like a novel when I was in elementary school. It was fun imagining and creating my own world and characters.

However, as I **grew older** and read many interesting novels, I realized that I enjoyed reading them more than writing them. Now, I work a **regular job** and spend my free time reading novels. Reading has become a **cherished** hobby, and I**'m content with** just enjoying the stories others have written.

But sometimes, when I hear about people who work regular jobs and still find time to write novels and even **win awards**, I think about trying again. But when I do, I usually find it difficult to continue after only a few sentences. Maybe one day I'll be able to complete a story I start. I don't know when that will be.

語句・表現

· novelist
小説家

· grow older
年をとる、大人になる

· regular job
定職

· cherished
大切にしている

· be content with...
〜に満足している

· win awards
賞を取る

 例文の訳

　幼少期は小説家になるのが夢でした。小学生のときに小説のようなものを書いてみたこともあります。自分の世界や登場人物を想像し、創造するのが楽しかったです。

　しかし、大人になって面白い小説をたくさん読むうちに、書くことよりも読むことの方が楽しいと気づきました。今、私は定職に就きながら、自由な時間を小説を読むことに費やしています。読書は大切な趣味となり、他人の書いた物語を楽しむだけで満足しています。

　でも時々、定職に就きながら小説を書き、さらに賞まで取る人の話を聞くと、もう一度書いてみようと思います。書き始めてもたいていは数センテンスで続けるのが難しくなるのですが。いつかは、書き始めた物語を完成させることができるかもしれません。それがいつになるかはわからないけれど。

ヒントにしたい

応用表現

❶ As a child, I dreamed of becoming an astronaut and exploring space.
子供の頃の夢は、宇宙飛行士になって宇宙を探検することでした。

❷ My childhood dream was to become a veterinarian and help animals.
子供の頃の夢は獣医になって動物を助けることでした。

❸ I dreamt of being a professional soccer player that scores winning goals.
プロサッカー選手になって、勝利のゴールを決めるのが夢でした。

❹ As a kid, I wanted to be a chef who cooks delicious meals.
子供の頃の夢は、おいしい料理を作るシェフになることでした。

❺ I wished to become a scientist who discovers new things.
新しいものを発見する科学者になりたいと思っていました。

16 子供の頃どんなものや遊びが 好きでしたか?

What things or games did you like when you were a child?

 例文を見てみよう! 016

As a child, I loved making **secret forts** and playing with my friends. After school, four or five of us would gather there to read manga or play games. It was our own little world where we could do whatever we wanted.

When we **got tired of** playing on regular playgrounds, maybe around third grade, I started going to athletic parks. They had more challenging and exciting **equipment**, like climbing frames and obstacle courses. It was fun and more adventurous.

For a while, we liked playing "menko," a traditional Japanese **card-flipping game**. I collected many menko cards and played with them **during school breaks**. We would challenge each other to see who could flip the cards the best. It was a simple but really enjoyable game, and I remember the **excitement** of adding new cards to my collection.

1

自己紹介

語句・表現

· secret forts
  秘密基地

· get tired of...
  ～に飽きる

· equipment
  装置、遊具

· card-flipping game
  カードを裏返すゲーム

· during school
  breaks
  学校の休み時間中に

· excitement
  興奮

例文の訳

　子供の頃は秘密基地を作って友達と遊ぶのが大好きでした。放課後、4、5人でそこに集まってマンガを読んだり、ゲームをしました。好きなことができる自分たちだけの小さな世界でした。

　いつもの遊び場で遊ぶのに飽きると、3年生くらいからアスレチックパークに行き始めました。アスレチックパークには、クライミングフレームや障害物コースなど、よりチャレンジングでエキサイティングな遊具がありました。ちょっと冒険的で楽しかったです。

　一時期、日本の伝統的なカードめくり遊び、「メンコ」をするのも好きでした。私はたくさんのメンコカードを集め、学校の休み時間に遊びました。誰が一番上手にカードを裏返せるかを競い合いました。単純なゲームですが、とても楽しく、新しいカードがコレクションに加わったときの興奮は忘れられません。

応用表現

❶ I was fond of climbing trees and imagining adventurous quests.
木に登ったり、冒険の旅を想像したりするのが好きでした。

❷ My favorite was riding bikes around the park with friends.
友達と公園を自転車で走り回るのが大好きでした。

❸ I loved drawing and creating stories with crayons and paper.
クレヨンと紙を使ってお話を描いたり作るのが好きでした。

❹ Playing soccer in the schoolyard was my favorite after-school activity.
校庭でサッカーをするのが放課後の大好きな活動でした。

❺ I was really into collecting and trading baseball cards with friends.
野球カードを集めたり友達と交換することに本当にハマっていました。

17

あなたが一番幸せを感じるのはどんな
ときですか？

When do you feel happiest?

 例文を見てみよう！ 017

    I feel happy during the little moments, like
when I take a break from work to enjoy a
delicious cup of coffee, or on weekends when
I can **sleep in**. There's something special about
these simple pleasures. Spending time with my
family and close friends also brings me a lot of
happiness. Whether we're just talking, sharing a
meal, or doing activities together, the moments
are precious to me.

    Work can be **tough** sometimes, but I often
realize that I**'m fortunate to** have a job that gives
me a sense of **fulfillment**. I also **appreciate** the
good relationships I have with my **colleagues**.
Being able to vent or joke around with them is
something I'm grateful for.

    Of course, there are times when I wish I had
more holidays and opportunities to travel and
enjoy delicious food. But **overall**, I believe I am
fundamentally happy.

例文の訳

　仕事の合間においしいコーヒーを飲んだり、週末の朝にゆっくり寝ていられたり、といったたくさんのちょっとした瞬間瞬間に、幸せを感じます。こうしたシンプルな楽しみには特別なものがあります。家族や親しい友人と過ごす時間もまた、私に多くの幸福をもたらしてくれます。ただ話をしたり、食事を共にしたり、一緒にアクティビティをするだけでも、こうした時間は私にとってかけがえのないものです。

　仕事は時に大変なこともあります。しかし、充実感を与えてくれる仕事があるのは幸運なことだとよく思います。また、同僚と良好な関係を持てていることにも感謝しています。みんなと冗談を言い合ったり、発散したりできるのはありがたいことです。

　もちろん、もっと休みが欲しいとか、もっと旅行に行きたいとか、もっとおいしいものを食べたいとか思うこともあります。でも全体として、私は基本的に幸せなんだと思います。

1

自己紹介

ヒントにしたい
応用表現

❶ I feel happiest sharing a laugh with my friends and family.
私は友人や家族と笑いを分かち合うことに一番の幸せを感じます。

❷ I'm most content when reading a good book in solitude.
一人で良い本を読んでいるときに一番満足しています。

❸ I feel joy when I'm cooking a delicious meal for loved ones.
愛する人たちのためにおいしい料理を作っているときに喜びを感じます。

❹ My happiest moments are when I'm traveling and exploring new places.
旅行をしたり新しい場所を探索しているときが一番幸せです。

❺ I feel so happy when I hear my favorite song.
大好きな歌を聴くと、とても幸せな気分になります。

18

ストレスをためやすい方ですか？
お勧めのストレス解消法は？

Are you prone to stress? What stress relief
methods would you recommend?

例文を見てみよう！　　　　🔊 018

　I **tend to accumulate stress** without realizing
it. This can be challenging because it often
means I have to deal with a lot of stress at once.
Recognizing the signs early is something I'm still
learning to do.

　My favorite ways to **relieve stress** are forest
bathing, visiting hot springs, and singing. Going
to the mountains would be ideal, but big parks
in the city have lots of trees too. **Hot springs**
are also a great way to relax. Japan has many
wonderful hot springs, and my favorite is in
Hakone. When I want to sing, I go to karaoke
boxes. I also enjoy singing alone **while driving**,
but when I do that, I often **take wrong turns**.

　Overall, these activities help me manage my
stress. Being in nature, soaking in a hot spring, or
singing my heart out allows me to **unwind** and
feel better.

押さえたい
語句・表現

- **tend to...**
  〜する傾向がある

- **accumulate stress**
  ストレスをためる

- **relieve stress**
  ストレスを解消する

- **hot springs**
  温泉

- **while driving**
  運転中に

- **take wrong turns**
  道を間違える

- **unwind**
  くつろぐ

例文の訳

　私は知らず知らずストレスをため込みがちです。そうすると一度に多くのストレスに対処しなければならなくなるので大変です。その兆候に早く気づくことをいまなお学んでいます。

　私が好きなストレス解消法は、森林浴、温泉巡り、歌を歌うことです。山に行ければ理想的ですが、都会でも大きな公園には木々がたくさんあります。温泉もリラックスするのに良い方法です。日本には素晴らしい温泉がたくさんあり、私のお気に入りは箱根にあります。歌を歌いたいときは、カラオケボックスに行きます。運転中に一人で歌うのも楽しいのですが、そうしていると、よく道を間違えてしまいます。

　全体的に、これらの活動は私が何とかストレス処理するのに役立っています。自然の中にいたり、温泉に浸かったり、心を込めて歌ったりすることで、心がほぐれて気分が良くなります。

ヒントにしたい
応用表現

❶ I easily get stressed, but yoga and meditation help me relax.　私はストレスを感じやすいのですが、ヨガや瞑想はリラックスさせてくれます。

❷ Music helps me de-stress; playing guitar is my go-to relaxing activity.　音楽はストレス解消に役立ちます。ギターを弾くのが私の定番のリラックス法です。

❸ Running and exercising are the best ways for me to get stress relief.
ランニングや運動は、私にとってストレス解消に最適な方法です。

❹ When stressed, I prefer writing in my journal to clear my thoughts.
ストレスを感じたら、日記を書いて考えを整理するのが好きです。

❺ I'm not the type to accumulate much stress, but a hot bath always soothes me.　ストレスをため込むタイプではないのですが、熱い風呂に入るといつも癒されます。

健康を保つために何かしていますか?

Do you do anything to maintain your health?

 例文を見てみよう！　 019

To maintain my health, I currently **focus on** eating a balanced diet and getting enough sleep. In my 20s, I could eat and drink a lot without worrying much about my weight. However, continuing those habits into my 30s **resulted in significant weight gain**. When I started taking photos of my meals, it became easier to improve the quality and quantity of my food. This helped me **lose weight** and become healthier.

Sleep is **essential** for me. When I was younger, I could function on 5-6 hours of sleep, but now, I need at least 7 and a half hours to feel alert and focused at work. If I don't get enough sleep, I sometimes take **short naps** in the afternoon.

A balanced diet and improved sleep have made a significant difference in my health. These habits help me feel more energized and ready for daily tasks.

語句・表現

- focus on...
  〜に焦点を当てる
- result in...
  〜の結果となる
- significant
  著しい
- weight gain
  体重の増加
- lose weight
  体重が減る
- essential
  不可欠な
- short naps
  短時間の昼寝

応用表現

 例文の訳

　健康を維持するために、現在はバランスの取れた食事と十分な睡眠をとることに重点を置いています。20 代の頃は、体重をあまり気にせずにたくさん食べたり飲んだりできました。しかし、30 代になってもその習慣を続けた結果、体重が大幅に増えてしまいました。食事の写真を撮り始めたら、自然と食事の量と質が向上しました。この変化は体重を減らし、より健康になるのに役立ちました。

　睡眠は私にとって不可欠です。若い頃は 5 〜 6 時間の睡眠でも頭が働きましたが、今は少なくとも 7 時間半は眠らないと注意力が低下し、仕事に集中できません。十分な睡眠がとれないときは、午後に短時間の昼寝をすることもあります。

　食事のバランスを整え、十分な睡眠を確保することで、私の健康に大きな変化が生じました。このような習慣のおかげで、私はより活力を感じ、日々の仕事に取り組むことができるのです。

❶ I go on daily walks and practice mindfulness.
毎日散歩をし、マインドフルネスを実践しています。

❷ I drink plenty of water and avoid processed foods.
水をたくさん飲み、加工品は避けています。

❸ To maintain my health, I've cut down on caffeine and eat more whole grains.
健康維持のためにカフェインを減らし、全粒穀物を食べるようにしています。

❹ I make sure to have regular health check-ups and stay active.
必ず定期的に健康診断を受け、活動的に過ごすようにしています。

❺ I enjoy swimming and hiking to keep my body and mind healthy.
水泳やハイキングを楽しみ、心身の健康を保っています。

20 健康的な食生活のために気を付けて いることは何かありますか?

Do you have any tips for a healthy diet?

 例文を見てみよう!

I **make sure to** eat three meals a day. I **used to** skip breakfast and just drink coffee, but now I find that eating breakfast helps my brain work better. Having a good meal in the morning gives me energy and helps me concentrate during the day.

I try to include three main **nutrients** in each meal: **carbohydrates**, **fats**, and proteins. For example, for breakfast, I often have miso soup, rice, and grilled fish. This combination **ensures** that I'm getting a balance of essential nutrients.

I've also noticed that eating too much at night can lead to weight gain and **disrupt** my sleep. So, I focus on having big breakfasts and lunches while having lighter dinners. Eating more during the day when I'm active, and less at night when I'm resting seems to work well for my body.

語句・表現

- **make sure to...**
  必ず〜する

- **used to...**
  かつて〜していた

- **nutrient**
  栄養

- **carbohydrate**
  炭水化物

- **fat**
  脂肪

- **ensure**
  確保する、保証する

- **disrupt**
  妨げる、阻害する

 例文の訳

　1日3食必ず摂るようにしています。以前は朝食を抜いてコーヒーばかり飲んでいましたが、今は朝食を摂ることで脳の働きがよくなることに気づきました。朝しっかり食べるとエネルギーが湧いてきて、日中の集中力が高まるんです。

　私は毎食、炭水化物、脂質、タンパク質の3大栄養素を摂るようにしています。例えば、朝食にはよく味噌汁、ご飯、焼き魚を食べます。この組み合わせで、必要な栄養素をバランスよく摂るようにしています。

　また、夜に食べすぎると体重が増え、睡眠が妨げられることに気づきました。だから、朝食と昼食はしっかり摂り、夕食は軽めにするようにしています。活動的な昼間は多めに食べ、休息する夜は少なめにするのが、私の体には合っているようです。

応用表現

❶ I avoid fast food and prefer home-cooked meals for healthier eating.
ファストフードは避け、健康的な食事のために家庭料理を好んで食べます。

❷ I drink plenty of water and limit my consumption of sugary drinks.
水をたくさん飲み、甘い飲み物の摂取を控えます。

❸ I avoid snacking late at night and stick to regular meal times.
夜遅くの間食は避け、規則正しい食事時間を守っています。

❹ I've cut down on salt and use herbs to flavor my meals.
塩分を控え、食事の味付けにはハーブを使っています。

❺ I try to cook with less oil and more natural ingredients.
なるべく油を使わず、天然の食材を使うようにしています。

21 あなたの趣味は何ですか？

What are your hobbies?

 例文を見てみよう！

My main hobby is reading. There's something special about **immersing myself in** a good book. It could be fiction, **business-related**, or even a **biography**. Each book offers a new perspective or an adventure, and I find that incredibly **enriching**.

Interestingly, my love for books has led me to another hobby – visiting different book cafes. One time, I got so into a book at a small cafe that I totally lost track of time. I missed an important call and had to **scramble to** reschedule a meeting. It was a bit embarrassing, but it also showed me how **captivating** a good book can be.

These hobbies not only relax me but also inspire new ideas for my work. Whether it's a quiet evening with a book or a weekend exploring a new book cafe, my reading hobby offers a perfect way to **unwind** and recharge.

語句・表現

· immerse oneself in...
〜に没頭する

· business-related
ビジネス関連（の）

· biography
伝記

· enrich
豊かにする、強化する

· scramble to...
急いで〜する

· captivate
魅惑する

· unwind
くつろぐ

ヒントにしたい

応用表現

例文の訳

　私の主な趣味は読書です。良い本にハマると何か特別なものが得られます。それはフィクションであったり、ビジネス関連、さらには伝記もしれません。それぞれの本が新しい視点や冒険を提供してくれますし、それは信じられないほど豊かなものだと感じます。

　興味深いことに、本への愛が私を別の趣味へと導きました。様々なブックカフェを訪れることです。一度、小さなカフェで本に夢中になり、完全に時間を忘れてしまったことがあります。重要な電話に出ず、急いで会議の予定を立て直さなければなりませんでした。少し恥ずかしかったですが、良い本がいかに魅力的かを教えてもらいました。

　これらの趣味は私をリラックスさせるだけでなく、仕事に新しいアイデアをもたらしてくれます。本と静かな夜を過ごしたり、週末に新しいブックカフェを探索したりと、読書という趣味は私にとって完璧なリラックスと再充電の方法です。

2

趣味や遊び

❶ **My hobbies are playing the guitar and watching old movies.**
私の趣味はギターを弾くことと古い映画を観ることです。

❷ **I enjoy gardening and taking care of my plants on weekends.**
週末はガーデニングを楽しみ、植物の世話をしています。

❸ **I'm into running and I sometimes participate in local marathons.**
趣味はランニングで、地元のマラソン大会に参加することもあります。

❹ **My favorite pastime is cycling through the countryside.**
趣味は田舎をサイクリングすることです。

❺ **I'm passionate about photography and capturing beautiful moments.**
私は美しい瞬間を写真に収めることに情熱を注いでいます。

あなたの推しは誰ですか？
推しているのは何ですか？

Who or what are you a fan of?

 例文を見てみよう！　　　

My absolute favorite thing is the musical "The Phantom of the Opera." It's a classic, and I'm just **mesmerized** by its music and story. There's something magical about the combination of **haunting** melodies and dramatic characters.

My love for this musical is so strong that I even tried to learn some of the songs. Here's a funny story – I once **attempted to** sing "The Music of the Night" at a karaoke party. Let's just say my performance was more comical than musical. My friends still **bring** it **up** whenever we talk about music, and we all have a good laugh.

I can't often go see live musicals, but I can still **get lost in** their world by just listening to the CD. I'm really sad that the show is **no longer** on Broadway. I'm saving money and **looking forward to** the day I can go see it in England.

語句・表現

· mesmerize
魅了する

· haunting
不気味な、忘れられない

· attempt to...
〜を試みる

· bring ... up
〜を持ち出す

· get lost in...
〜に没入する

· no longer...
もはや〜ない

· look forward to...
〜を楽しみにする

応用表現

例文の訳

　私の絶対的なお気に入りはミュージカルの『オペラ座の怪人』です。古典ですが、その音楽と物語にただただ魅了されます。心に残るメロディーとドラマチックなキャラクターの組み合わせには魔術的な何かがあります。

　このミュージカルへの私の愛はとても強く、いくつかの曲を学ぼうとさえしました。面白い話があるのですが、一度カラオケパーティーで『The Music of the Night』を歌おうとしました。私のパフォーマンスは音楽的というよりはコミカルなものでした。友人は音楽の話をする度にそれを持ち出し、私たちはいつも楽しく笑い合います。

　生のミュージカルを見に行くことは時々しかできませんが、CDを聞くだけでも、その世界に没入することができます。ブロードウェイでの公演が終わってしまったのはとても残念です。いつか英国公演を見に行ける日を楽しみにして、貯金をしています。

2

趣味や遊び

❶ **I'm a big fan of Taylor Swift; her music really speaks to me.**
テイラー・スウィフトの大ファンです。彼女の音楽は本当に心に響きます。

❷ **I admire Emma Watson for her acting and activism work.**
エマ・ワトソンの演技と活動家としての面の両方を尊敬しています。

❸ **I'm really into basketball; LeBron James is my favorite player.**
バスケットボールに夢中で、レブロン・ジェームズがお気に入りの選手です。

❹ **I'm passionate about painting, especially the works of Hokusai.**
絵画、特に北斎の作品に熱中しています。

❺ **I'm a huge fan of Japanese anime; "Naruto" is my favorite.**
日本のアニメの大ファンで『ナルト』が一番好きです。

23 好きな遊園地はありますか？
ジェットコースターは好きですか？

Do you have a favorite amusement park?
Do you like roller coasters?

 例文を見てみよう！

I **absolutely** love Disneyland. It's not just about the rides, but the whole magical **atmosphere**. Walking down Main Street and seeing colorful parades and characters is like stepping into a different world.

I both like and dislike **roller coasters**. I love the adrenaline rush, but I'm a bit scared of heights. The last time I rode a roller coaster, I **screamed** so loud that I lost my voice for the rest of the day. My friends still **tease** me about it, saying I was louder than the ride itself!

Despite the fright, I **can't help but** get in line for thrilling rides every time I visit a theme park. The excitement of the quick drops and sharp turns somehow **makes up for** the initial fear. If there was a theme park like Disneyland closer to me, I might end up going every month.

語句・表現

· absolutely
絶対に、完全に

· atmosphere
雰囲気

· roller coaster
ジェットコースター

· scream
叫ぶ、悲鳴を上げる

· tease
からかう

· can't help but...
〜せずにはいられない

· makes up for...
〜を埋め合わせる

ヒントにしたい

応用表現

例文の訳

ディズニーランドが大好きです。乗り物だけでなく、魔法のような全体の雰囲気が好きです。メインストリートを歩き、カラフルなパレードやキャラクターを見ると、まるで別の世界に足を踏み入れるようです。

ジェットコースターは、好きでもあり嫌いでもあります。アドレナリンが出る感じは好きですが、高所恐怖症も少しあります。最後にジェットコースターに乗ったとき、大声で叫んでしまい、その日の残りはのどを痛めて声が出なくなりました。友達は今でもからかってきます、乗り物よりも私の方が大きな声だったと言って！

怖いんですけど、テーマパークに行くたびにこうしたスリル満点の乗り物に乗るのをやめられません。急な落下や急カーブの興奮が、最初の恐怖を何とか埋め合わせてくれます。ディズニーランドのようなテーマパークがもっと近くにあったら、毎月行ってしまうかも。

2
趣味や遊び

❶ **My favorite theme park is Universal Studios because of the movie-themed rides.** 好きなテーマパークはユニバーサルスタジオ。映画をテーマにした乗り物があるからです。

❷ **I'm not a big fan of roller coasters, but I love water rides.**
ジェットコースターはあまり好きではないけれど、ウォーターライドは大好きです。

❸ **I like quiet theme parks with less scary rides and beautiful scenery.**
あまり怖くない乗り物や美しい景色のある静かなテーマパークが好きです。

❹ **I prefer animal-themed parks like zoos and aquariums over amusement parks.** 遊園地よりも動物園や水族館のような動物をテーマにした施設の方が好きです。

❺ **Theme parks are great, but I mostly enjoy the food and shows.**
テーマパークもいいけれど、いつもは食事やショーを楽しんでいます。

読書は好きですか？
どんなジャンルの本が好きですか？

Do you like reading? What genres of
books do you prefer?

 例文を見てみよう！

I really enjoy reading; it's one of my favorite **pastimes**. I always have a book in my bag, **just in case** I get some free time. Whether it's while waiting for a friend or on my **daily commute**, books are my companions. I also read e-books, which are especially convenient when traveling.

I often choose business and **self-help** books. I find them **incredibly** useful for personal and professional growth. I also **frequently** check out English language books. They help me improve my language skills, which is important for my career. I don't read novels often, but the historical novel I read last year was very interesting.

When I was a student, I often got so into a book that I missed my **train stop**. But that hasn't happened recently. I wonder if it's because the books are less interesting, or if my ability to focus has changed.

語句・表現

- pastime
  娯楽、気晴らし

- just in case
  念のため〜

- daily commute
  毎日の通勤

- self-help
  自己啓発

- incredibly
  信じられないほどに

- frequently
  よく、頻繁に

- train stop
  電車の降車駅

ヒントにしたい

応用表現

例文の訳

　読書が大好きで、私のお気に入りの活動のひとつです。空いた時間を見つけたら読めるように、常にバッグに本を入れています。友人を待っているときでも、日々の通勤中でも、本はいつも私の良き伴侶です。また、旅行の際に特に便利な電子書籍も読みます。

　ビジネス書や自己啓発の本をよく選びます。これらの本は個人的な成長や職業面での発展に非常に役立つと感じています。また、英語の本も頻繁にチェックしています。これらは私のキャリアにとって重要な言語スキルを向上させる助けになります。小説はあまり読みませんが、昨年読んだ歴史小説はとても面白かったです。

　学生時代には、本に夢中になりすぎて電車の降りるべき駅で降りられないことがよくありました。しかし最近では、そういうことは起きなくなりました。面白い本が減っているのか、それとも集中力が落ちたのか、どちらなのだろう、と思います。

❶ I'm not fond of reading, but when I do, I choose simple novels.
読書は好きではないけれど、読むときは簡単な小説を選びます。

❷ Reading is okay. I like adventure and romance stories.
読書はまあまあ好きです。冒険小説やロマンス小説が好みです。

❸ I love reading, particularly classic literature and modern fiction.
読書、特に古典文学と現代小説が好きです。

❹ Honestly, I seldom read, but when I do, it's usually action books.　正直なところ読書はめったにしないのですが、するときは大抵アクションの本です。

❺ I enjoy reading, especially history or science-related topics.
読書が好きで、特に歴史や科学関連の話題が好きです。

25

映画鑑賞は好きですか？
どんなジャンルが好きですか？

Do you enjoy watching movies? What genres do you like?

 例文を見てみよう！

I enjoy watching movies. I go to the cinema about once a month, and I often use streaming services. There's something special about the big screen experience, but the **convenience** of watching at home is **unbeatable**.

When I was younger, I was a big fan of mystery films and comedies. However, my **taste** has shifted over the years. Nowadays, I **prefer** quieter films that focus on human life and drama. Maybe I've come to like stories that I can **relate to** and **empathize with** more after having had some life experience.

The other day, I saw a horror movie in the cinema for the first time in a while. During the scariest scene, I screamed and dropped my popcorn. Luckily, I wasn't the only one who screamed, so I didn't feel too **embarrassed**. But I don't think I want to watch scary movies anymore.

語句・表現

- convenience
  利便性

- unbeatable
  優るものはない

- taste
  好み

- prefer
  〜の方を好む

- relate to...
  〜に共感する

- empathize with...
  〜に感情移入する

- embarrassed
  恥ずかしい

応用表現

例文の訳

映画を観るのが好きです。1カ月に1回ほど映画館に行きますし、よくストリーミングサービスを利用します。大画面で鑑賞することには特別な楽しみがありますが、家で視聴する利便性に優るものはありません。

若い頃はミステリー映画やコメディーの大ファンでした。しかし、ここ数年で私の嗜好は変化しました。最近では人間の人生やドラマに焦点を当てた落ち着いた作品を好むようになりました。様々な人生経験を重ねた後で、自分が共感したり感情移入できる物語をより好むようになったのかもしれません。

この前、久しぶりに映画館でホラー作品を視聴しました。一番怖いシーンで、私は悲鳴を上げてポップコーンを落としてしまいました。幸いにも悲鳴を上げたのは私だけではなかったので、それほど恥ずかしくは感じませんでした。しかし、もうこんなに怖い作品は観たくないと思います。

2

趣味や遊び

❶ Movies are great! I'm a big fan of horror and sci-fi.
映画は最高です！ ホラーとSFの大ファンなんです。

❷ Not really into movies, but I watch documentaries and biographies sometimes.
映画はあまり好きではないが、ドキュメンタリーや伝記は時々観ます。

❸ Movies are okay, I mostly watch thrillers and historical films.
映画はまあまあ好きです。主にスリラーや歴史映画を観ます。

❹ I absolutely love movies, especially the fantasy and mystery genres.
映画がすごく好きで、特にファンタジーやミステリーのジャンルが好みです。

❺ I'm not really into movies, but I find animated and comedy films enjoyable.
映画にはあまり興味がないが、アニメやコメディ映画は楽しめます。

26

音楽は好きですか？
どんなジャンルが好きですか？

Do you like music?
What are your favorite genres?

 例文を見てみよう！　 026

I really enjoy listening to music. I like listening to old pop songs and also try to keep up with the **latest** hits. There's something about music that can instantly **lift my mood** or bring back **fond** memories.

I mostly listen to music in my car or **while commuting** by train. It's a nice way to pass the time and get into a good headspace before starting the day or after a long day at work. The rhythm and melodies help me **transition** from one part of my day to another.

However, I find myself spending more time on YouTube than listening to music on commutes these days. But when my eyes get tired or I need to refresh my mind, I always **turn back to** music. It's interesting that even so many visual entertainment **available**, music still holds a special place in my routine.

語句・表現

· latest
最新の

· lift one's mood
〜の気分を高める

· fond
優しい、懐かしい

· while commuting
通勤中

· transition
移行、遷移

· turn back to...
〜に立ち返る

· available
利用可能な

 例文の訳

　私は音楽を聴くことが本当に好きです。古い
ポップソングを聴くのも好きですし、最新のヒッ
ト曲にもついていこうとしています。音楽には気
分をすぐに高めたり、懐かしい思い出を呼び覚
ましてくれる力があると思います。

　主に車の中や電車での通勤中に音楽を聴いて
います。1日のスタート前や1日働いた後に時
間を有効に使い、良好な精神状態になるのに良
い方法です。リズムやメロディーが、1日のある
部分から次の部分へスムーズに移行するのを助
けてくれます。

　しかし最近では YouTube での視聴時間が増
えたことで通勤時に音楽を聴く時間が少し減っ
ています。それでも目が疲れたときや頭をリフレッ
シュしたいときには、いつも音楽に立ち返ります。
視覚的なエンターテインメントがこんなにたくさ
んあるのに音楽が私の日課のなかで特別な位置
を占め続けているのは面白いことだと思います。

応用表現

❶ Music is great! I mainly enjoy jazz and blues.
音楽は素晴らしい！　主にジャズとブルースを楽しんでいます。

❷ Music is okay. I mostly like country and reggae.
音楽はまあまあ好き。カントリーとレゲエが好きです。

❸ I seldom listen to music, but when I do, it's usually
dance or techno.
音楽はめったに聴かないけど、聴くときはたいていダンスかテクノです。

❹ I enjoy listening to music, especially indie and soul.
音楽を聴くのは好きで、特にインディーズやソウルが好きです。

❺ I'm not so into music, but I find world and acoustic
music relaxing.　音楽にはあまり興味がないけれど、ワールドミュー
ジックやアコースティックの曲はリラックスできます。

27 旅行は好きですか？
どこに行きたいですか？

Do you like traveling?
Where would you like to go?

 例文を見てみよう！ 027

I quite like traveling. Planning trips is really fun for me. I enjoy researching tourist spots and finding **tasty** places to eat. There's something exciting about putting together an **itinerary** and imagining all the experiences I'll have.

So far, I've traveled a lot within Japan but haven't had much experience traveling **abroad**. I'd love to go on an international trip, especially to English-speaking countries since I'm learning English. It would be great to practice the language in a real setting. Also, I've heard that countries in Southeast Asia have unique things to see. I have friends who have moved to Singapore, so visiting them would be a good idea too.

One thing about me and traveling is that I **have a poor sense of direction**. I once got lost in my own city **despite** using a map! So, the thought of traveling abroad is exciting but also a bit **worrying**.

押さえたい
語句・表現

· tasty
  おいしい

· itinerary
  旅程、旅の計画

· abroad
  海外に

· have a poor sense
  of direction
  方向音痴である

· despite
  ～にもかかわらず

· worrying
  不安だ

 例文の訳

　旅行が大好きです。旅の計画を立てるのは本当に楽しいです。観光スポットを調べたりおいしい食事処を見つけることを楽しんでいます。日程をまとめたり、どんな体験をするか想像するとワクワクします。

　これまで国内旅行は多く経験しましたが、海外旅行の経験はあまりありません。英語を学習しているので、特に英語圏の国々へ行ってみたいと思っています。実際の状況でその言語を使ってみる良い機会になると思います。また、東南アジアの国々がユニークな魅力を備えていると聞いています。シンガポールへ移住した友人を訪ねるのも良いアイデアですね。

　私と旅行との関わりでひとつ言えることは方向感覚があまり良くないということです。地図を使いながら自分の街で迷ってしまったことがあるほどです！ ですので、海外旅行について想像することはワクワクする反面、少し不安な気持ちもあります。

ヒントにしたい
応用表現

❶ Yes, I love traveling; I'd like to visit France and Italy.
はい、旅行が好きなので、フランスとイタリアに行ってみたいです。

❷ Not a big traveler, but I'd like to see the Northern Lights in Iceland.
あまり旅行好きでないですが、アイスランドでオーロラを見てみたいです。

❸ I often travel; my next destinations are Australia and Brazil.
よく旅行に行きます。次の旅行先はオーストラリアとブラジルです。

❹ Yes, exploring new places is fun. I want to visit London.
はい、新しい場所を探索するのは楽しいです。ロンドンに行ってみたいです。

❺ I'm not really into traveling, but would like to see the beaches in Thailand and Fiji. 旅行はあまり好きではないけれど、
タイとフィジーのビーチを見てみたいです。

28 スポーツをしますか？　何のスポーツや スポーツ観戦が好きですか？

Do you play sports? What sports do you play? Do you enjoy watching sports?

 例文を見てみよう！

I used to play tennis when I was a student, but now I don't really do any sports. I **guess** you could say my **athletic** days are **behind me**.

I tried golf a few years ago. The relaxed pace was nice, but the sport itself is quite challenging! At the **driving range**, I couldn't hit the ball properly at all. I kept swinging and missing, and the ball just sat there.

My wife **is into** running, and she keeps inviting me to join her. I've been putting off giving her an answer, though. Running seems like a lot of work, and I'm not sure I'm ready for that kind of **commitment** yet. I do enjoy watching sports, especially soccer and rugby. Sometimes I even go to the **stadium** to watch the games live.

語句・表現

・guess
　〜だと思う、推測する

・athletic
　運動神経の良い

・be behind
　〜はもう過去のものだ

・driving range
　（ゴルフの）練習場

・be into...
　〜に夢中で

・commitment
　コミットメント

・stadium
　スタジアム

2
趣味や遊び

例文の訳

　学生の頃はテニスをしていましたが、今はほとんどスポーツをしていません。運動能力のあった時代は過ぎ去ったと言えるでしょう。

　数年前にゴルフを試してみました。リラックスしたペースでできるのが良いと思ったからです。しかし、そのスポーツはかなり難しいことがわかりました。練習場では、全くボールを正しいやり方で打つことができませんでした。スイングをしても、空振りして、ボールが動かないままということが多かったです。

　妻はランニングが好きで、しばしば一緒に走ろうと誘ってきます。答えをずっと引き延ばしていますが、ランニングはかなり運動量が多そうで、そこまでのコミットメントができるか確信が持てないからです。スポーツ観戦は楽しんでいて、特にサッカーとラグビーが好きです。時には試合を生で見るためスタジアムまで行くこともあります。

ヒントにしたい

応用表現

❶ I play tennis and badminton, but don't really watch sports.
テニスとバドミントンをしますが、スポーツはあまり見ません。

❷ I'm not athletic, but I like watching basketball and soccer.
運動は苦手ですが、バスケットボールやサッカーを見るのは好きです。

❸ I often play volleyball and enjoy watching Olympic sports.
バレーボールをよくしますし、オリンピックのスポーツを見るのも好きです。

❹ Playing sports isn't my thing, but I find watching ice hockey exciting.
スポーツをするのは苦手ですが、アイスホッケーを見ると興奮します。

❺ I'm not really into sports, but I occasionally play table tennis and watch golf. スポーツはあまり好きではないけれど、たまに卓球をしたり、ゴルフを見たりします。

29 ボードゲームとビデオゲーム、どちらが好きですか？

Do you prefer board games or video games?

 例文を見てみよう！

I've really gotten into board games. There are so many different kinds, and I never get bored of them. It's **fascinating** how each game has its own rules and **strategies**.

I often go to board game cafes with friends, or we gather at someone's house with our own games. At the cafes, staff recommend new games and explain how to play them. But playing at home has its own **charm** – it's more relaxing, and we don't have to worry about closing times. It's a nice way to spend time together and challenge our minds.

Speaking of challenges, some board games really make you think. Once, we played a game for seven hours **straight**. By the end of it, I was **exhausted** – my brain felt like it had run a marathon. It was fun but also a bit **intense**. I never knew board games could be such a workout for the mind.

語句・表現

· fascinating
　魅力的な

· strategy
　戦略

· charm
　魅力

· speaking of...
　〜と言えば

· straight
　連続した

· exhausted
　ヘトヘトになる

· intense
　激しい

応用表現

 例文の訳

　ボードゲームにめちゃくちゃハマっています。種類がたくさんあり、飽きることがありません。それぞれのゲームが独自のルールと戦略を持っているのが面白いです。

　友人とはしばしばボードゲームカフェに行ったり、自分のゲームを持参して誰かの家で集まったりしています。カフェではスタッフが新しいゲームをオススメしてくれたりやり方を説明してくれたりします。しかし、家で遊ぶのも魅力的です。よりリラックスできる上、閉店時間の心配がないからです。一緒に時間を過ごし、頭を働かせる素敵な方法です。

　挑戦と言えば、本当に考えさせられるボードゲームもあります。かつてひとつのゲームを7時間連続して遊んだことがあります。終わった頃には疲れ切っていました。頭の中でマラソンを走ったような気分でした。楽しかったですが少しハードな体験でもありました。ボードゲームがそこまで頭の訓練になるとは思いませんでした。

❶ **Video games are my favorite; I love the action and graphics.**
ビデオゲームが好きです。アクションとグラフィックが大好きです。

❷ **I enjoy both, but board games are better for family time.**
どちらも楽しみますが、家族で楽しむならボードゲームの方がいいです。

❸ **Video games are my go-to for relaxation and adventure.**
ビデオゲームは、リラックスしたり冒険したいときの定番です。

❹ **Board games are my choice, they remind me of my childhood.**
ボードゲームを選びます。子供の頃を思い出させてくれるからです。

❺ **I lean towards video games; they're immersive and have cool stories.** ビデオゲームに気持ちが傾いています。没入感があり、ストーリーがかっこいいのです。

お酒を飲むのは好きですか？

Do you like drinking alcohol?

 例文を見てみよう！ 030

I **don't handle alcohol** very well, but I do enjoy delicious sake at times. It's **smooth** and has a unique flavor that I've come to **appreciate**.

For years, I thought I couldn't drink alcohol at all. But then, a friend introduced me to a really good sake, and I was surprised at how much I liked it. Now, I **occasionally** enjoy a small drink. However, I have to be careful because I don't have a high **tolerance**. I always make sure to check my work schedule for the next day before having a drink.

Once, a colleague of mine had a bit too much to drink and lost his bag with his laptop in it. The trouble he went through the next day was quite a story. We always have to drink responsibly and **keep track of** our **belongings**. People who can't handle alcohol well should drink with their bags on their shoulders!

語句・表現

・don't handle alcohol
　お酒に強くない

・smooth
　滑らかな

・appreciate
　〜を認識・識別する

・occasionally
　時折、たまに

・tolerance
　耐性

・keep track of...
　〜を監視する

・belongings
　持ち物

 例文の訳

　私はお酒に強くないのですが、おいしい日本酒は時々楽しみます。滑らかでユニークな味わいがあり、だんだんとその魅力が分かるようになりました。

　長年全く飲酒できない体質だと思っていました。しかしあるとき友人に本当においしい日本酒を紹介され、想像以上に気に入ったんです。今ではたまに少しお酒を楽しむことがあります。しかしお酒への耐性はあまりないので気をつけなければなりません。飲酒する前には必ず翌日の仕事のスケジュールを確認するようにしています。

　以前、同僚の一人がちょっと飲みすぎて、中にノートパソコンが入った鞄をなくしたことがありました。翌日彼が体験した問題はかなり大変そうでした。常に責任を持って飲酒し、所持品の管理をしなければなりません。お酒に弱い人は、鞄を肩にかけたまま飲んだ方がいいかもしれません。

応用表現

❶ Yes, I enjoy a glass of wine occasionally to relax.
はい、リラックスするためにたまに一杯のワインを楽しみます。

❷ I like beer, but only drink it socially with friends.
ビールは好きですが、友人に付き合って飲む程度です。

❸ I drink moderately. I appreciate a good whiskey or craft beer sometimes.
適度に飲みます。おいしいウイスキーやクラフトビールをたまに飲みます。

❹ I don't drink alcohol; I prefer staying sober.
私はお酒を飲みません。シラフでいる方が好きです。

❺ I rarely drink alcohol, only on special occasions.
お酒を飲むことはめったになく、特別な機会にだけ飲みます。

31 山登りと海水浴なら、どちらが 好きですか？

Do you prefer mountain climbing or beach activities?

 例文を見てみよう！　　　 031

I prefer **beach activities** over mountain climbing. The main reason is that climbing mountains requires a lot of physical strength. Two years ago, I went on a **kindergarten excursion** with my child to Mount Takao, and I was the one who got **out of breath** the fastest.

When I say I enjoy beach activities, I don't mean surfing or swimming. I usually **stick to** shallow waters, go shell collecting, play in the sand, or stand in the sea up to my **knees**. Especially in places like Shonan, where you can see Mount Fuji from the beach, it's wonderful to enjoy the sea and a view at the same time.

I'm always the one building the biggest sandcastle or searching for the most interesting shells. It's a simple pleasure, but it's a great way to relax and enjoy the outdoors without the **exhaustion** of climbing a mountain. **Plus**, no risk of getting too out of breath!

押さえたい
語句・表現

· beach activities
  海水浴

· kindergarten
  excursion
  幼稚園の遠足

· out of breath
  息切れがして

· stick to...
  〜に留まる

· knee
  ひざ

· exhaustion
  ヘトヘトになること

· plus
  さらに

例文の訳

　山登りよりも海水浴を好みます。最大の理由は、山登りは体力を多く使うからです。2年前に子供と高尾山の幼稚園の遠足で行ったとき、一番早く息切れしたのは私でした。

　海水浴を楽しむと言っても、サーフィンや泳ぐという意味ではありません。私はふだん、浅瀬にずっといて、貝採りや砂遊びをしたり、膝くらいの深さのところにいます。湘南のような場所なら海から富士山が見えるので、その景色を眺めながら同時に海を楽しめるのが素晴らしいです。

　いつも一番大きな砂の城を作ったり、一番面白い貝を探したりするのは私です。単純な楽しみ方ですが、山登りの疲労を感じることなく、アウトドアでリラックスして楽しめる素晴らしい方法です。それに、息切れするリスクもありません！

ヒントにしたい
応用表現

❶ Beach activities are my favorite; I enjoy swimming and sunbathing.　ビーチでのアクティビティが私のお気に入りです。水泳と日光浴を楽しんでいます。

❷ I enjoy both, but the tranquility of mountains is special.
どちらも楽しみますが、山の静けさは格別です。

❸ Beach activities for me; nothing beats playing in the sand and sea.　私にとってはビーチアクティビティです。砂と海で遊ぶこと以上のものはありません。

❹ Mountain climbing is my choice; I appreciate the peaceful environment.
登山が私の選択です。静かな環境の良さを実感しています。

❺ I enjoy mountain climbing more; it's an excellent workout and escape.　登山の方が好きです。素晴らしいトレーニングと（都会からの）脱出です。

32

星を見るのと日の出を見るのは
どちらが好きですか?

Do you prefer stargazing or watching the sunrise?

 例文を見てみよう!

I like both watching the stars and **witnessing** the sunrise, but in the area where I live, it's not often that I can see a clear night sky with beautiful stars. Perhaps it's because the night lights are quite bright here.

Instead, there's a spot not far from my home where I can watch the sunrise over the sea, and it's truly a **captivating** sight. Lately, I've **been motivated to** wake up early and go for a walk just to catch a **glimpse** of that beautiful sunrise.

When I see the sunrise, it makes me feel like the whole day is going to be filled with luck. Plus, I've heard that getting some sunlight helps the body produce Vitamin D, so I think it's good for my health to take a short walk outside. I spend most of my day in the office and tend to return home after dark, so I don't get much chance to **bask** in the sun.

語句・表現

- witness
  〜を見る、目撃する

- instead
  その代わり

- captivating
  魅惑的な

- be motivated to...
  〜する気を起こさせる

- glimpse
  ひと目、チラリと見ること

- bask
  日光に当たる

 例文の訳

　星を眺めるのも日の出を見るのも好きですが、私の住む地域ではくっきりとした美しい星空を見る機会はあまりありません。ここは夜間でもかなり明るいためかもしれません。

　代わりに、自宅からそう遠くない場所から海上にのぼる日の出を見ることができます。本当に魅了される景色です。最近では、その美しい日の出をひと目見ようと、早起きして散歩に出かけるモチベーションが高まっています。

　日の出を見ると、その日1日がラッキーになる気がします。さらに、少し日光を浴びることでビタミンDの生成を助けると聞いているので、短時間の外出と散歩は健康のためにもいいのだと思っています。ほとんど1日をオフィスで過ごし、日没後に帰宅するので日光に当たる機会はあまりありませんから。

 ヒントにしたい

応用表現

❶ **I prefer stargazing; the night sky's beauty is mesmerizing.**
私は星空を眺めるのが好きです。 夜空の美しさは魅惑的です。

❷ **Watching the sunrise is my favorite; it's a peaceful start to the day.**
日の出を見るのが大好きです。 穏やかな1日の始まりです。

❸ **I enjoy both, but there's something magical about stargazing.** 両方とも楽しんでいますが、星空観察には何か魔法のようなところがあります。

❹ **Honestly, I'm more into watching the sunrise for its inspiring beauty.** 正直に言うと、私は感動的に美しいので日の出を見る方が好きです。

❺ **I lean towards watching the sunrise; it's a beautiful natural spectacle.**
私は日の出を見る方に心が傾きます。それは美しい自然のスペクタクルです。

33

ジムで走るか屋外で走るか、
どちらが好きですか？

Do you prefer running in the gym or outdoor running?

 例文を見てみよう！　 033

I prefer running outdoors over working out at the gym. I did join a gym once, but I **hardly** ever went because I found it **bothersome to** prepare and pack a change of clothes, and the commute was a **hassle**. When I run outside, I can work up a sweat and return home for a shower without the need for extra preparations.

Moreover, there's a park near my house with a perfect running track, and it's always **bustling with** fellow runners. I only started running there recently, but there are already many familiar faces, both humans and dogs. The scenery, fresh air, and the ability to explore new routes **keep** me **engaged**.

The gym, on the other hand, felt a bit **monotonous**, with the same **equipment** and environment. There are lots of machines, but I didn't use them all because I wasn't sure how to.

語句・表現

- hardly
  ほとんど〜ない

- bothersome to...
  〜するのが面倒

- hassle
  面倒なこと

- bustle with...
  〜でにぎわう

- keep ... engaged
  〜を飽きさせない

- monotonous
  単調な

- equipment
  設備

 例文の訳

ジムでのエクササイズよりも、屋外でのランニングを好みます。かつてジムに入会したことがありますが、着替えの準備が面倒くさかった上、通うのも大変でした。屋外ランニングの場合、汗をかいて帰宅しシャワーを浴びるだけで済むので、余計な準備をする必要がありません。

しかも、自宅近くにランニングコースがある公園があり、いつも他のランナーでにぎわっています。ここでランニングを始めたのはつい最近ですが、すでに人も犬も含めて顔見知りができています。景色の変化やさわやかな風、新しいルートを探索できることが私を飽きさせません。

一方、ジムは同じ設備と環境の繰り返しで少し単調に感じました。多くのマシンがそろっていますが、使い方がわからないのであまり使ったことがありません。

2
趣味や遊び

ヒントにしたい

応用表現

❶ **Running in the gym is my choice for the convenience and equipment.**
利便性と設備があるので、ジムでのランニングを選択します。

❷ **I enjoy both, but outdoor running gives me a sense of freedom.**
どちらも楽しんでいますが、屋外でのランニングは解放感を与えてくれます。

❸ **Honestly, I'm more into gym running for the controlled environment.**
正直に言うと、私は管理された環境で走れるジムの方が好きです。

❹ **Outdoor running is my preference; it's more challenging and rewarding.** 屋外でのランニングが私の好みです。より挑戦的でやりがいがあります。

❺ **I enjoy outdoor running more; it's a great way to explore new areas.** 私は屋外でのランニングをもっと楽しんでいます。新しい地域を探索するのに良い方法です。

34 自分で料理するのと、レストランで外食するのと、どちらが好きですか?

Do you prefer cooking for yourself or eating out at restaurants?

例文を見てみよう!

I prefer **dining out** at restaurants. It's because I get to enjoy delicious food that I wouldn't be able to prepare myself. I must admit, my cooking skills are far from **gourmet**. At best, I manage to get some basic nutrition.

Recently, I've invested in some handy cooking tools that have made the process easier, but cooking remains a challenge for me. It's a dream having someone who **excels in** the **culinary** arts **whip up** a meal for me. Alternatively, when I become more financially **well-off**, I've considered using a home-cooking service or having ready-made dishes delivered to my door daily.

Once, I attempted to make a simple omelet, but it turned into a **mess** that even my dog refused to eat. My mother said she got good at cooking after getting married, but even after 20 years of marriage, I'm still bad at it. I guess cooking skills can't be passed down genetically.

押さえたい
語句・表現

- dine out
  外食する

- gourmet
  食通、グルメ

- excel in...
  ～で優れている

- culinary
  料理の

- whip up...
  （料理などを）手早く作る

- well-off
  裕福である

- mess
  混乱、大惨事

応用表現

例文の訳

　私はレストランでの外食の方を好みます。自分で作ることができないおいしい食事を楽しめるからです。認めなければなりませんが、私の料理の腕前は食通とはほど遠いものです。何とか基本的な栄養を摂れる程度です。

　最近、料理を容易にする便利な調理器具を買いましたが、料理すること自体が苦手です。誰か優れた料理の腕を持つ人に私の食事を作ってもらうのが夢です。あるいは、経済的に余裕が出てきたら、家庭料理のサービスを利用したり、毎日料理を配達してもらったりすることも考えています。

　一度、シンプルなオムレツを作ろうとしたことがあるのですが、イヌにでさえ食べてくれないほどひどいことになってしまいました。母は嫁いでから料理が上手くなったと言いますが、私は結婚後20年経っても料理の腕前は上がりません。料理の腕前は遺伝するものだとは思えません。

❶ **I mostly enjoy eating out for the variety and convenience.**
種類が豊富で便利なので、主に外食を楽しんでいます。

❷ **I enjoy both, but cooking at home lets me be creative.**
どちらも楽しんでいますが、家で料理をすることで創造性を発揮できます。

❸ **I like cooking for myself; it's relaxing and cost-effective.**
私は自分で料理をするのが好きです。 リラックスできてコストパフォーマンスも良いです。

❹ **Eating out is my choice for socializing and enjoying different flavors.** 社交の場として、また様々な味を楽しめるので外食を選択します。

❺ **I enjoy eating out more; it's a break from daily routines and cooking.** 私は外食の方を楽しんでいます。日常生活や料理から解放されるからです。

35

DIYや工作をするのは好きですか？

Do you enjoy DIY activities and crafts?

 例文を見てみよう！　 035

I really enjoy doing these **DIY**. I've made shelves, tables, desks, and chairs before. One of the best aspects of DIY is the ability to make things that fit perfectly in your own space. You can **combine** materials that match your vision and create something original.

I've been **crafty** since I was a kid. I always loved making things in art class. I particularly enjoyed using tools like **saws and string**, and cutting wood. I still remember my first creation; it was a small wooden box that even **impressed** my art teacher.

I've had my fair share of DIY **mishaps** too. I built a bookshelf that would always **tilt** when I put books on it. It somehow managed to stand up, but I was concerned that it would fall during an earthquake, so I rebuilt it. My younger brother couldn't resist teasing me, saying it looked like the Leaning Tower of Pisa.

押さえたい
語句・表現

- DIY
  D.I.Y.(do it yourself の略)

- combine
  〜を組み合わせる

- crafty
  図工が得意な

- saws and strings
  のこぎりと糸

- impress
  感動させる

- mishap
  事故

- tilt
  傾ける

ヒントにしたい
応用表現

 例文の訳

DIY をするのは本当に楽しいです。これまでに棚やテーブル、デスク、椅子などを自作したことがあります。DIY の最も良い点は、自分の空間にぴったり合うものが作れることです。ビジョンに合わせて材料を組み合わせ、オリジナルのものを作れます。

子供の頃から器用で、美術の授業が好きでした。特にのこぎりでものを作るのや糸のこのような道具を使い、木を切るのは楽しかったです。最初に作った小さな木製の箱を美術の先生に褒めてもらったことを今でも覚えています。

DIY に関する失敗談もいくつかあります。本棚を作ったとき、なぜか、本をのせるといつも棚が傾いてしまいました。何とかバランスを保っていましたが、地震で倒れてしまう可能性があると心配になり、作り直しました。弟は私をからかいたくなり、ピサの斜塔みたいだと言っていました。

2
趣味や遊び

❶ DIY and crafts are great. I love making things with my hands.
DIYや手芸は素敵ですね。 自分の手で何かを作るのが大好きです。

❷ I'm not really into DIY; I prefer buying things ready-made.
DIYにはあまり興味がないですね。 既製品を買うのが好きですから。

❸ I occasionally do DIY projects, but mostly for practical reasons.　私は時々DIYプロジェクトを行いますが、ほとんどは実用的な理由からです。

❹ Not much into crafting, but I appreciate the creativity involved.　ものづくりにはあまり興味がありませんが、そこに含まれる創造性は評価しています。

❺ Crafts isn't my thing, but I admire those who do it well.
手芸は得意ではありませんが、上手に作る人を尊敬します。

113

36

旅行計画をしっかり立てますか？
流れに任せるのが好きですか？

When traveling, do you prefer to have a
solid plan or enjoy going with the flow?

 例文を見てみよう！

I prefer the **spontaneity** of traveling without
extensive planning. When you plan every detail
meticulously, it can sometimes feel like you're
obligated to rush from one place to another,
leaving little room to truly enjoy the experience.

However, there was this one memorable time
when I decided to let a friend **take charge of**
planning a trip to Shikoku. He searched and
found a local restaurant known only to **the locals**,
where we had the most amazing meal.

This summer, I'm getting ready for my first
week-long trip to Hokkaido. I've booked a place
to stay, but I haven't planned the rest of the trip
too much. I want to **go with the flow** and see
where the adventure takes us. I'm a bit worried
that I might get lost since my sense of direction
isn't the best, but the excitement of discovering
unexpected things makes it all **worth it**. I hope
for some great surprises and funny travel stories!

語句・表現

· spontaneity
  自発性、偶発性

· meticulously
  細心の注意を払って

· obligated to...
  〜する義務がある

· take charge of...
  〜を担当して

· the locals
  地元の人々

· go with the flow
  流れに身を任せる

· worth it
  それだけの価値がある

応用表現

 例文の訳

　広範な計画を立てずに自由に旅をする方が好きです。細部まで慎重に計画すると、時には一つの場所から別の場所へ急がなければならなくなり、本当に旅の体験を楽しむ余裕があまりないように感じることがあります。

　ただ、四国旅行の際、友人に旅程を任せたときは、特に記憶に残る出来事がありました。彼は検索して地元の人しか知らない名店を見つけてくれて、最高の食事を楽しめたのです。

　この夏、私は初めてとなる1週間の北海道旅行の準備をしています。滞在場所は予約しましたが、他の部分についてはあまり計画しすぎないようにしています。流れに身を任せて、冒険が私たちをどこに連れて行ってくれるかを見てみたいと思います。方向感覚があまり良くないので迷ってしまうかもしれないと少し心配していますが、予期せぬものを発見する興奮がすべてを価値あるものにしてくれます。素晴らしい驚きと面白い旅行の話ができることを期待しています！

① **Going with the flow is my style; it's more adventurous and spontaneous.**
流れに身を任せるのが私のスタイルです。その方が冒険的でおおらかです。

② **I usually have a solid plan, it helps me see everything I want.** 私は通常、しっかりとした計画を立てており、そうすると、望むものすべてを見ることができます。

③ **A planned itinerary is best for me; I enjoy organized trips.** 計画された旅程が私にとっては最適です。 私は計画的な旅行を楽しみます。

④ **Sometimes I plan, but often I just explore and see what happens.** 計画を立てることもありますが、多くの場合はただ探索して何が起こるかを待ちます。

⑤ **Having a plan is comforting, but I'm open to spontaneous adventures too.**
計画を立てると安心ですが、その場で起きる出来事も受け入れています。

Do you enjoy visiting museums and art galleries? Do you have a favorite genre?

 例文を見てみよう! 037

I've always enjoyed visiting art museums, especially those **featuring** Western art. I'm also **fascinated by** Japanese ukiyo-e woodblock prints from the Edo period.

Since I had children, I've been going to museums more often. **Additionally**, I've developed an interest in interactive science museums. There's one near our house with a planetarium where we can learn about the night sky and do a variety of **experiments**. My elementary school-aged children have shown interest too, and we have a great time exploring together.

I have a funny story about trying to explain **abstract art** to my kids at a museum once. Well, let's just say it involved a lot of storytelling and trying to explain the meaning of **wavy lines** on canvas. I'm not sure if my kids were convinced, but they seemed to enjoy my attempt.

押さえたい

語句・表現

- feature
  〜を特集する

- be fascinated by...
  〜に魅了される

- additionally
  さらに

- experiment
  実験

- abstract art
  抽象芸術

- wavy line
  波線

 例文の訳

　私はいつも美術館を訪れるのが楽しくて、特に西洋美術を特集した展示は楽しみです。江戸時代の浮世絵の木版画にも関心があります。

　子供が生まれてからは、より頻繁に美術館に通うようになりました。さらに最近では体験型の科学館にも興味がわいています。自宅の近くにプラネタリウムがあって、夜空について学べたり、様々な実験を楽しめたりするのです。小学生になった我が子も興味を示していて、一緒にいろいろと探求するのが楽しいです。

　一度、美術館で子供たちに抽象芸術を説明しようとしたときの面白い話があります。まあ、キャンバス上の波線を説明しようとして多くのストーリーテリングをしたと言いましょうかね。子供たちが納得したかどうかはわかりませんが、彼らは私の試みを楽しんでいたようでした。

ヒントにしたい

応用表現

❶ Not much into art galleries, but I enjoy modern art sometimes.
美術館にはあまり興味がありませんが、時々現代アートを楽しんでいます。

❷ I adore art galleries, particularly going to see works by Van Gogh and Monet.　私はアートギャラリーが大好きで、特にゴッホとモネの作品を見に行くのが好きです。

❸ I occasionally visit museums; I find natural history the most interesting.
私は時々博物館を訪れます。　私は自然史が最も興味深いと思います。

❹ Art galleries are my go-to; I love exploring abstract and surreal art.　私の行きつけはアートギャラリーです。　私は抽象的でシュールなアートを探求するのが大好きです。

❺ I'm not really into museums, but I enjoy photography exhibits.
私は博物館にはあまり興味がありませんが、写真の展示は好きです。

スキーやスノーボードは好きですか？

Do you like skiing or snowboarding?

 例文を見てみよう！

I have skied a few times and it was fun. I am not an **expert by any means**, but I know how to do it. I have never tried snowboarding, though. I skied on a difficult course once. I was **scared** I might get lost. I was very nervous.

I remember my first time skiing. It was funny because I didn't know how to slow down or stop. I **crashed into** snow at the bottom of the hill. I was covered in snow up to my **neck**. It was funny but also **embarrassing**. The ski patrol had to help me. I am much better at skiing now. But, I still laugh when I think about that time.

語句・表現

· **expert**
達人、専門家

· **by any means**
決して～ない

· **scared**
怖がって

· **crash into...**
～に衝突する

· **neck**
首

· **embarrassing**
恥ずかしい

 例文の訳

　私はスキーを数回やったことがありますが、楽しかったです。決して上級者ではありませんが、スキーのやり方はわかっています。しかし、スノーボードはやったことがありません。かつて、難しいコースでスキーをしたことがあります。迷ってしまうのではないかと怖かったです。とても緊張しました。

　初スキーをしたときのことを覚えています。速度を落としたり止まったりする方法が分からなかったのでおかしな経験でした。斜面の下で雪の中に突っ込んでしまいました。首のところまで雪に埋まりました。笑える出来事でしたが、恥ずかしかったです。スキーパトロールの人に助けてもらわなければなりませんでした。今ではだいぶスキーが上手になりましたが、あのときのことを思い出すと今でも笑えます。

応用表現

❶ **I prefer skiing because it feels more controlled and traditional.**
スキーの方がきちんと管理されていて伝統的だと感じられるので好きです。

❷ **I'm a big fan of snowboarding because it feels more adventurous.**　スノーボードの大ファンです。スノーボードの方が大胆になれるので。

❸ **Snowboarding isn't my thing; I find skiing easier and more enjoyable.**　スノーボードは私の趣味ではありません。スキーの方が簡単で楽しいと思います。

❹ **I haven't tried either, but skiing seems like something I'd enjoy.**
どちらも試したことはありませんが、スキーは楽しそうです。

❺ **I'm not really into winter sports, but I'd choose skiing for its elegance.**　ウィンター・スポーツにはあまり興味がありませんが、優雅なのでスキーを選びます。

39 キャンプをするのと高級ホテルに泊まるのとではどちらが好みですか？

Do you prefer camping or staying in luxury hotels?

 例文を見てみよう！　 039

Choosing between camping and staying in a **luxury** hotel is hard. Both are nice, but different. Camping lets me be close to nature, and it's fun. I like the sound of birds and the smell of trees. But, luxury hotels are very **comfortable**. They have big beds and nice showers.

When I camp, I feel free. Sleeping under the stars is special. But, I'm not good at setting up tents. Once, I set up a tent and it fell down during the night! It was a bit of a **disaster**, but also funny. In hotels, everything is easy. There's no tent to worry about.

I like both camping and hotels, but maybe hotels a bit more. In a hotel, I don't have to cook or clean. And nothing **falls on** me! They both have their good points. But, I think I like the **comfort** of hotels more.

語句・表現

· luxury
贅沢な、豪華な

· comfortable
快適な

· disaster
大惨事、大失敗

· fall on...
～に降りかかる

· comfort
快適さ

応用表現

 例文の訳

キャンプと豪華なホテル宿泊のどちらかを選ぶのは難しいですね。どちらも良いですが異なる点もあります。キャンプでは自然に親しむことができますし、楽しいです。鳥の声や木々の香りが好きです。一方、豪華なホテルはとても快適です。大きなベッドや気持ち良いシャワーがあります。

キャンプをすると、自由であると感じます。星の下で寝るのは特別な体験です。でも、テントを立てるのは得意ではありません。一度、テントを設置したのですが、夜の間に倒れてしまったことがありました！ ちょっとした災難でしたが、面白かったです。ホテルでは、すべてが楽です。テントの心配をする必要もありません。

キャンプもホテルも好きですが、多分ホテルの方が好ましいと思っています。ホテルにいると、料理や掃除をする必要がありません。そして、私の上に倒れかかってくるものもありません！キャンプもホテルも良い点がありますが、ホテルの快適さの方が好きだと思います。

2
趣味や遊び

❶ Luxury hotels are my favorite; I love the comfort and amenities.
高級ホテルが私のお気に入りです。 快適さとアメニティが大好きです。

❷ Honestly, I'm more into luxury hotels for the relaxation and service. 正直に言うとリラクゼーションとサービスのある高級ホテルの方が好きです。

❸ I like camping for its rustic charm and the outdoor experience.
素朴な魅力とアウトドア体験のためキャンプが好きです。

❹ Camping is my choice; it's a great way to disconnect and unwind.
キャンプを選びます。 日常から離れてくつろぐのに最適な方法です。

❺ I enjoy camping more; it's a fun and affordable way to travel.
キャンプの方が楽しいです。 手頃な値段で面白い旅行ができる方法です。

40 次に挑戦したい趣味や遊びは ありますか?

Do you have any hobbies or activities you want to try next?

 例文を見てみよう!

Yes, I'd like to try **pottery** as a new hobby. I like the idea of making things with my hands. I think it's creative and **relaxing**. I've seen people do it and they make beautiful things. I want to try making cups and plates.

I'm a bit **clumsy**, though. I'm sure my first pottery pieces will be **far from perfect**. I can imagine making a cup that looks more like a hat! I'll probably get **clay** everywhere. But that's part of the fun. Learning something new is always a bit **messy**.

押さえたい
語句・表現

· pottery
陶器、陶芸

· relaxing
リラックスできる

· clumsy
不器用な

· far from perfect
完璧からはほど遠い

· clay
粘土

· messy
雑然とした、面倒な

例文の訳

はい、新しい趣味として陶芸をやってみたいと思っています。手を使って物を作るというところが良いと思います。創造的でリラックスできます。陶芸をしている人を見たことがありますが、彼らは美しいものを作ります。私もカップやお皿を作ってみたいです。

しかし、私は少し不器用です。ですから、最初に作った作品は完璧とは言えないものでしょう。帽子のように見えるカップを作ってしまうかもしれませんね！ おそらく粘土をあちこちにつけてしまうでしょう。でも、それが陶芸の楽しい部分でもあります。新しいことを学ぶというのはいつも少し面倒なものです。

ヒントにしたい
応用表現

❶ **I'm thinking of starting hiking; exploring trails and nature is appealing.** ハイキングを始めようと思います。ハイキングコースや自然を探索するのは魅力的です。

❷ **Cooking classes are on my list; I'd love to improve my culinary skills.** 料理教室も私のリストにはあります。料理のスキルを向上させたいと思います。

❸ **I'm curious about yoga; it looks like a good way to relax and stay fit.** ヨガに興味があります。リラックスして健康を維持するのに良い方法のようです。

❹ **I'd like to try rock climbing; it seems challenging and exciting.** ロッククライミングをやってみたいです。 挑戦的でエキサイティングなようです。

❺ **I'm interested in volunteering; giving back to the community sounds rewarding.** ボランティア活動に興味があります。コミュニティに貢献することはやりがいのあることのように思えます。

41 あなたの家族について教えてください。兄弟や姉妹はいますか？

Can you tell me about your family members? Do you have any siblings?

 例文を見てみよう！　 041

I have a wife and one child. My daughter is 10 years old, in **the fourth grade** of elementary school. My wife and I both work at the same company, but in different **departments**. Our daughter is currently taking piano lessons and learning programming, so she's quite busy.

I also have two younger sisters. Both of them are **married**. One lives in Saitama while the other lives in Chiba. They each have a child, and my daughter looks forward to seeing her **cousins** during holidays like New Year's. We always have fun and lively family gatherings, filled with laughter and good times.

Once during a family **reunion**, we tried to recreate an old family **recipe** for a traditional dish, but it **turned out** nothing like our grandmother used to make. We all had a good laugh about it but missed the real dish.

語句・表現

- the fourth grade
  4年生

- department
  部署、部門

- married
  結婚した

- cousin
  いとこ

- reunion
  再会、同窓会

- recipe
  レシピ

- turn out...
  〜だと判明する

 例文の訳

　私には妻と子供が一人います。娘は10歳で、小学校4年生です。私と妻は同じ会社で働いていますが、異なる部署にいます。娘は現在、ピアノのレッスンを受けたりプログラミングを学んでいるので、とても忙しいです。

　私には二人の妹もいます。二人とも結婚しており、一人は埼玉県に住んでいて、もう一人は千葉県に住んでいます。それぞれ一人の子供がいるので、私の娘は正月などの休日にいとこに会うのを楽しみにしています。いつも楽しくてにぎやかな家族の集まりで、笑いに満ちた良いときを過ごせています。

　一度、家族の集まりの際に、昔の家族の伝統料理のレシピを再現しようとしたのですが、祖母が作っていたものとは全く違うものになってしまいました。みんなでそれについてよく笑い、その味が懐かしくなりました。

3

人間関係・コミュニケーション

ヒントにしたい

応用表現

❶ **I come from a big family with two brothers and a sister.**
私は二人の兄と一人の妹がいる大家族の生まれなのです。

❷ **I'm the only child, so it was just me and my parents.**
私は一人っ子なので、両親と私だけでした。

❸ **I have a younger brother and we're really close.**
私には弟がいて、本当に仲がいいんです。

❹ **There are five of us: my parents, two sisters, and me.**
両親と二人の妹と私の5人家族です。

❺ **It's just my mom and me; I don't have any siblings.**
母と私だけで、兄弟はいません。

42

家族との時間と友達との時間、どちらを優先しますか?

Do you prioritize time with family or friends?

 例文を見てみよう!

Choosing between family time and time with friends is **tough**. Both are important to me. When my kids were younger, I mostly **prioritized** family time. Family time was about making memories and being there for each other.

But now, as my kids have grown, I find myself spending more time with friends. Friends make me laugh and help me try new things. We go out, talk about everything, and enjoy new **experiences** together. It's exciting to make plans with friends and share experiences.

Sometimes, I try to **combine** time with family and friends. Like when I took my grandmother to a rock concert! It was a bit strange at first but **turned out to be** a fun memory. These days, I guess it's all about balance. Sometimes mixing things **leads to** funny situations, but it's all part of life's adventure.

例文の訳

　家族との時間と友達との時間のどちらかを選ぶのは難しいですね。どちらも私にとって大切です。子供たちが小さい頃は、大体家族との時間を優先していました。家族との時間には、思い出を作り、お互いのために一緒にいます。

・ **tough**
厳しい、難しい

・ **prioritize**
優先順位をつける

・ **experience**
経験

　しかし今や、子供たちが成長するにつれ、友達と過ごす時間が増えています。友達は私を笑わせ、新しいことをするのを助けてくれます。私たちは外出し、いろいろなことを話し、一緒に新しい経験を楽しみます。友達と計画を立てて一緒に経験するのはワクワクします。

・ **combine**
組み合わせる

・ **turn out to be...**
〜だとわかる

・ **lead to...**
〜につながる

　時には、家族と友達とで時間を一緒に過ごすこともあります。例えば、祖母をロックコンサートに連れて行ったときのように！　少し奇妙でしたが、楽しい思い出になりました。最近はすべてバランスかなと思っています。時々、物事を混ぜ合わせると面白い状況を生み出しますが、それもすべて人生という冒険の一部です。

3

人間関係・コミュニケーション

ヒントにしたい

応用表現

❶ **Friends are my priority; I value the different perspectives they bring.**
友人は私の最優先事項です。彼らがもたらす様々な視点を大事にしています。

❷ **I try to balance both, as family and friends are equally important in my life.** 私の人生で家族も友人も同等に重要なので、バランスを取るようにしています。

❸ **Family comes first for me, especially during important occasions and events.**
特に重要な行事やイベントのときは、家族が最優先です。

❹ **Family is my main priority, but I also cherish the moments with friends.**
家族が最優先ですが、友人との時間も大切にしています。

❺ **I prioritize friends; we share similar interests and activities.**
私は友人を優先します。同じような趣味や活動を共有しているからです。

43

小規模な集まりと大々的なパーティー
ではどちらが好きですか？

Do you prefer small gatherings or large parties?

 例文を見てみよう！ 043

I prefer small **gatherings** over large parties. I find it especially **enjoyable** to spend time with my close friends from my school days because we can talk about anything and everything. We even discuss topics that I wouldn't **bring up** with colleagues or family members.

I'm not a fan of big parties, especially when I don't know everyone there. Sometimes I'll even leave early if I feel **uncomfortable**. Interestingly, my wife enjoys large parties, so I try to go with her when I can.

I did have a positive experience one time at a party with over 200 people. I **ran into** a friend who had moved away back in elementary school. Even after more than 30 years, we both recognized each other right away. We **caught up** and exchanged contact information. It was truly a wonderful **occurrence**.

語句・表現

· gathering
集まり

· enjoyable
楽しい

· bring up
(話題などを) 持ち出す

· uncomfortable
不快な

· run into...
〜に遭遇する

· catch up
近況報告をする

· occurrence
出来事

ヒントにしたい

応用表現

 例文の訳

　大きなパーティーよりも小さな集まりの方が好きです。特に、学生時代の親しい友人たちと過ごす時間は楽しいですね。私たちは何でも話せますし、同僚や家族とは話さないような話題も議論します。

　一方で、大きなパーティーはあまり好きではありません。特に、全員を知っているわけではない場合はそうです。時には、居心地が悪いと感じたら、早めに帰ることもあります。面白いことに、妻は大きなパーティーが好きなので、そうできるときは一緒に行くようにしています。

　あるとき、200 人以上が参加する大きなパーティーで、良い体験をしました。小学校時代に引っ越した友人に偶然会ったのです。30 年以上経っても、すぐにお互いにわかりました。早速、それぞれの近況報告をし、連絡先を交換しました。本当に素晴らしい出来事でした。

3

人間関係・コミュニケーション

❶ I prefer small gatherings; they're more intimate and comfortable.
小さな集まりの方が好きです。親しくなれるし、心地良いからです。

❷ Large parties are my favorite; I love the energy and meeting new people.　大規模なパーティーが好きです。活気があり、新しい人々に出会えるのがいいのです。

❸ I enjoy both, but small gatherings feel more personal and relaxing.
どちらも楽しみますが、小さな集まりの方が個人的でリラックスできます。

❹ I lean towards small gatherings; they're less overwhelming and more meaningful.
小規模な集まりの方が好きです。圧倒されませんし、より有意義です。

❺ I enjoy large parties more; they offer a chance to connect with lots of people.　大規模なパーティーの方が楽しいです。多くの人とつながるチャンスがあるので。

44 親しい友人が数人いるのと、交際範囲が広いのと、どちらが好きですか?

Do you prefer having a few close friends or a wide circle of acquaintances?

 例文を見てみよう! 044

I am the type who **prefers** close friendships with a few people. Having a small group of friends means we know each other very well. We have deep **conversations** and understand each other's feelings. I have two friends from my elementary school days who I still message and meet with. We share our problems and **encourage** each other. **I'm glad to** have them in my life.

Having a lot of friends is nice, but it's more about having fun in that case. We don't really get to know each other deeply.

Recently, people seem to care a lot about the number of friends they have on social media. But for me, those aren't 'real' friends. We become true friends after we meet **in person**.

押さえたい

語句・表現

- prefer
  〜をより好む

- conversation
  会話

- encourage
  励ます

- be glad to...
  〜して喜ばしい

- in person
  直接、個人的に

 例文の訳

　私は少数の人と深い友情を育むタイプです。少人数の友達グループではお互いをとてもよく知ることができます。深い話をし、互いの気持ちを理解します。小学校時代の二人の幼馴染みとは、今でもよく会ったりメッセージを送り合ったりしています。何かあったときには問題を共有し、お互いを励まし合います。自分の人生に彼らがいてくれて良かったと思います。

　多くの友達がいるのもいいですが、その場合は一緒に楽しむことが主です。互いを深く知ることはありません。

　最近 SNS 上の友達の数を気にする人がいるようです。しかし私にとっては、SNS 上の友達は「本当」の友達ではありません。私たちは実際に会って初めて真の友達になるのです。

応用表現

❶ **A wide circle of acquaintances is my preference; I enjoy diverse interactions.**
交際範囲が広いことが私の好みで、多様な交流を楽しんでいます。

❷ **I like having a few close friends that I trust and share experiences with.**
信頼し、経験したことを共有できる親しい友人が数人いるのが良いです。

❸ **A wide circle of acquaintances suits me; it keeps socializing interesting.** 交際範囲が広いのが私には合っています。
その方が付き合っていても興味が尽きません。

❹ **I only need a few close friends; it's about quality over quantity.**
親しい友人は数人で構いません。量より質が大事です。

❺ **I lean towards a wide circle; it offers more opportunities for social activities.** 交友関係は広い方がいいです。社会活動をする
ときに多くのチャンスを与えてくれます。

家族や友人と仕事の話をしますか?

Do you discuss work with your family or friends?

 例文を見てみよう! 045

I often talk about work with family and friends. When I get home, I usually tell my family about my day. It's not that I **consult with** them about my work, I just **mention** things about work as I tell them how my day went.

With friends, it's a bit different. It's interesting to hear about the different things they do. We share advice, laugh about funny things that happened, and support each other. It's great to have friends who understand the work life.

One time, I tried to explain a **complicated** project to my mom. She doesn't know much about my field, so it was quite a challenge. I used a lot of **technical** terms, and she looked **confused**. Then she said, "So, **basically**, you're just typing on a computer all day?" We both laughed.

語句・表現

· consult with...
〜と相談する

· mention
〜に言及する、ふれる

· complicated
複雑な

· technical
技術的な

· confused
混乱した

· basically
つまり、基本的に

応用表現

例文の訳

　家族や友達と仕事についてよく話します。家に帰ると、たいてい家族にその日の出来事を話します。仕事の相談をするわけではなく、その日の話をするときに仕事の話も出るということです。

　友達とは少し違います。彼らがしている異なる仕事について聞くのは興味深いです。アドバイスし合ったり、面白い出来事について話して笑ったり、お互いを支え合ったりします。仕事のことを理解してくれる友達がいるのは素晴らしいことです。

　あるとき複雑なプロジェクトについて母に説明しようとしました。母は私の仕事の分野についてあまり知らないので、かなりの挑戦でした。多くの専門用語を使ったので、彼女は混乱したようでした。それから母親は、「つまり１日中コンピューターでタイピングしているということね」と言いました。私たちは二人とも笑いました。

3

人間関係・コミュニケーション

❶ I share work details with family for advice.
私は仕事の詳細を家族と共有し、アドバイスを受けています。

❷ Honestly, I keep work separate from family and friends.
正直なところ、私は仕事を家族や友人とは切り離して考えています。

❸ I discuss work challenges with friends for their insights and suggestions.
友人には仕事上の課題を話し、彼らの見識や提案を求めます。

❹ I occasionally talk about work, but I try to keep it minimal.
仕事の話をすることもありますが、最小限に留めるようにしています。

❺ I usually don't mix work with personal life; it helps me relax better. 普段から仕事と個人の生活を一緒にしないようにしています。その方がリラックスできるからです。

46 直接会って話すのと間接的なコミュニケーションではどちらが好きですか?

Do you prefer talking in person or communicating through messages?

 例文を見てみよう! 046

I like **face-to-face** conversations best. When I meet someone in person, I can see their expressions and gestures. This helps me understand them better. It's more **genuine**, and we feel more connected. I enjoy the energy of being with someone in the same place.

However, messaging and phone calls have their own **benefits**. They are convenient, especially when meeting in person isn't possible. If I'm busy or **far away**, a quick message or call keeps the connection alive. It's great for sharing news or making plans.

But, we need to be careful when using technology. Once, I **accidentally** sent a silly **selfie** to my boss **instead of** my friend during work hours. I wanted to hide under my desk. My boss just laughed and replied with a funny picture.

語句・表現

· face-to-face
面と向かって

· genuine
本物の

· benefit
利点

· far away
遠く離れて

· accidentally
偶然に

· selfie
自撮り、セルフィー

· instead of...
〜の代わりに

ヒントにしたい

応用表現

例文の訳

　私は面と向かって会話するのが一番好きです。直接会って話すとき、相手の表情やジェスチャーを見ることができます。そうすることで、相手のことをより理解できます。それこそが本物の会話ですし、より深くつながっているように感じます。誰かと同じ場所にいるエネルギーを楽しんでいます。

　しかし、メッセージや電話にもそれぞれの利点があります。特に、直接会うことができないときに便利です。忙しかったり遠くにいたりするとき、短いメッセージや電話で良好なつながりを保つことができます。新しい出来事を素早く共有したり、計画を立てたりするのに最適です。

　しかし、テクノロジーを使う際には注意が必要です。一度、たまたま勤務時間中に友人ではなく上司に誤っておどけた自撮り写真を送ってしまったことがあります。机の下に隠れたくなりました。上司は笑って、面白い写真を返信してくれました。

❶ **Messaging and calls are my go-to; they're convenient and quick.**
メッセージや通話が私の定番です。便利だし、すぐ伝えられます。

❷ **I like in-person talks for clarity and an emotional connection.**
直接会って話をすると、明瞭で感情的なつながりが持てるので好きです。

❸ **Phone calls for me; they're faster and more practical than meeting up.**
私なら電話です。その方が会うよりも早くて実用的です。

❹ **I'm a fan of both, but in-person is best for important matters.**
どちらも好きですが、重要なことは直接会って話すのが一番です。

❺ **I prefer messaging; it's less intrusive and respects everyone's schedule.** メッセージの方が押しつけがましくないし、
全員のスケジュールを尊重できるので好きです。

新しい友人を作るのが得意ですか、
それとも苦手ですか？

Is it easy for you to make new friends, or do you find it difficult?

 例文を見てみよう！

Making new friends can be both easy and hard for me. It **depends on** the situation. When I'm in a place where people share my interests, like a class or a club, it's easier. We already have something in common to talk about. This makes starting a conversation less stressful.

But, in other situations, like at a big party or a new job, it can be more difficult. It's not always easy to walk up to someone and start talking. I sometimes feel shy or worried about **what to say**.

Living in an **apartment complex**, I recently had an **unexpected** but wonderful **opportunity** to make a new friend. It all started in a **residents'** meeting. There, I met someone in his 80s. We **struck up** a conversation about the apartment and quickly found common ground. This older friend introduced me to new hobbies like Mahjong and Gateball.

語句・表現

· depend on...
〜による

· what to say
何て言うか

· apartment complex
集合住宅

· unexpected
予想外の

· opportunity
機会

· resident
住人

· strike up
（会話などを）始める、交友を結ぶ

ヒントにしたい

応用表現

例文の訳

新しい友達を作ることは私にとって簡単でもあり難しくもあります。状況によります。クラスやクラブのように、共通の興味を持つ人がいる場所では、たやすいです。話すための共通の話題がすでにあるからです。その状況ならストレスを感じることなく会話を始めることができます。

しかし大きなパーティーや新しい仕事など他の状況では、もっと難しい場合があります。誰かのところに歩いていって話し始めるのは常に簡単なわけではありません。時には内気になったり、話題に困ったりします。

私は集合住宅に住んでいるのですが、最近、思いがけず新しい友達ができるという素晴らしい機会に恵まれました。すべては住民集会で始まりました。そこで80代の方と出会い、その住宅についての会話を始め、すぐに共通の話題を見つけました。この年長の友人は、私に麻雀やゲートボールのような新しい趣味を紹介してくれました。

---

❶ I find it a bit difficult; I'm more reserved and take time to open up. 少し難しいです。私はどちらかというと控えめで、打ち解けるのに時間がかかります。

❷ I'm somewhere in between; it depends on the situation and the people I meet.
私はその中間で、状況や会う人によります。

❸ It's somewhat hard for me to make new friends; I'm cautious at first.
新しい友人を作るのはやや難しいです。最初は慎重になってしまうので。

❹ I enjoy the process of meeting and connecting with new people.
新しい人と出会い、つながる過程は楽しいです。

❺ Making new friends is not very easy for me; I'm quite introverted. 新しい友人を作るのは、私にとってあまり簡単ではありません。内向的なので。

48 大切な決断をする際、家族の意見を
聞きますか、自分で決めますか？

Do you seek your family's opinion when
making important decisions, or do you
decide on your own?

 例文を見てみよう！ 048

When I have to make an important decision, I often turn to my family for their opinions. I value their **perspectives** because they know me well and care about me. They can also **offer** advice based on their own experiences, which I find very helpful.

However, I also believe in making my own decisions. After hearing my family's thoughts, I take some time to think on my own. It's important for me to feel that the final decision is mine. This way, I can **be sure that** I'm **following** my heart and mind. It's about finding the right balance between seeking advice and being **independent**.

One time, I had to choose between two job offers. My family suggested the safer option. But I chose the riskier one. It **turned out to** be a mistake – the job wasn't what I expected. But, it was a good lesson. Even a wrong decision can teach you something **valuable**.

押さえたい
語句・表現

· perspective
視点

· offer
提供する

· be sure that...
〜だと確信している

· follow
〜に従う

· independent
独立した

· turn out to...
〜だとわかる、判明する

· valuable
貴重な、価値のある

ヒントにしたい
応用表現

例文の訳

　大切な決断をするときにはよく家族に意見を求めます。彼らは私のことをよく知っており、私のことを大事に思ってくれているので、彼らの視点を重視しています。彼らは自身の経験に基づいてアドバイスしてくれるのでとても役立ちます。

　でも自分で決断を下すことも大切だと考えています。家族の意見を聞いた後しばらく一人で考えます。最終的な決断は自分でしたと思えることが重要です。この方法なら心と頭に従っていると確信できます。助言を求めることと自分で決めることの適切な均衡を見つけることが大切です。

　あるとき2つの仕事のオファーの間で選ばなければならないことがありました。家族はより安全な選択肢の方を提案しましたが、私はリスクのある方を選びました。結果としてそれは誤りでした。仕事は期待していたものではありませんでした。でもそれは良い教訓になりました。間違った決断をしても価値あることを教えてくれることもあります。

❶ **I usually decide on my own; I value independence and self-reliance.** 私はたいてい自分で物事を決めます。自立し、自らを頼ることを重んじるからです。

❷ **I seek their opinion for major life decisions; their perspective is important.**
人生の重大な決断には家族の意見を求めます。彼らの視点が大事です。

❸ **I mostly decide on my own, but I keep my family informed.**
ほとんど自分で決めますが、家族には常に情報を伝えています。

❹ **I value my family's input, but I prioritize my own judgement.**
私は家族の意見を重視しますが、自分の判断を優先します。

❺ **I decide on my own because I believe in learning from my own experiences.**
私は自分の経験から学んでいることを信じているので、自分で決めます。

同僚と仕事以外でも交流しますか？

Do you interact with your coworkers outside of work?

 例文を見てみよう！

I do spend time with my **coworkers** outside of work, but not too often. At the office, we work together closely, so we naturally become friends. Sometimes, after a busy week, we go out for dinner or **grab coffee**.

I believe it's important to have a good **relationship** with coworkers. It makes working together easier and more enjoyable. We share common interests and support each other, not only in work matters but also in personal achievements. Celebrating birthdays or special **occasions** together is common in our group.

However, there was a time when we tried to start a soccer team. It turned out that our skills were better in the office than on the field. After a few **hilarious** and **clumsy** games, we quickly decided to **dissolve** the team. It was a fun experience, though, and it showed us different sides of each other.

語句・表現

- coworker
  同僚

- grab coffee
  コーヒーを飲む

- relationship
  関係

- occasion
  機会

- hilarious
  陽気な、面白い

- clumsy
  不器用な

- dissolve
  （チームなどを）解散
  する

ヒントにしたい

応用表現

仕事以外でも同僚と過ごす時間を持っています
が、それほど頻繁ではありません。オフィスでは密
接な関係を築いて一緒に働くので自然と友達になり
ます。忙しい週の後には夕食に行ったり、コーヒー
を飲みに行ったりすることがあります。

同僚と良好な関係を持つことは重要だと思いま
す。それにより、一緒に働くことが容易で楽しくなり
ます。共通の興味を持ち、仕事のことだけでなく個
人的な目標達成においてもお互いを支え合っていま
す。私たちのグループでは、誕生日を祝ったり特別
な機会にグループのメンバーと一緒にいたりします。

しかし、サッカーチームを始めようとしたことがあ
りました。それで、私たちのスキルはオフィス内に
いた方がフィールド上よりも優れていることがわかり
ました。楽しかったけれど、不器用な試合が何回か
あった後、すぐにチームを解散することにしました。
それは面白い経験でしたし、お互いの違う一面を見
ることができました。

3

人間関係・コミュニケーション

❶ Yes, I often interact with coworkers outside work; it
strengthens our team bond.
はい、仕事以外でも同僚とよく交流しています。チームの絆が深まります。

❷ I keep work and personal life separate, so I rarely
interact with them outside work.　仕事とプライベートは分けて
いるので、仕事以外で交流することはほとんどありません。

❸ I'm friendly with coworkers at work, but I prefer
keeping my social life separate.　仕事では同僚と親しくしていま
すが、社交の時間とは切り離して考えています。

❹ I'm selective when interacting outside work, preferring
only close work friends.　仕事以外で交流するときは、仕事上で親
しくなった友人だけを選り好みしています。

❺ I rarely socialize with coworkers outside work; I have a
separate social circle.　仕事以外で同僚と付き合うことはほとんどあ
りません。仕事以外で付き合っている仲間がいるので。

50 仕事上のストレスを家族や友人に 話しますか？

Do you discuss work-related stress with your family or friends?

 例文を見てみよう！ 050

When it comes to work stress, I often find it helpful to talk to my family and friends. They offer a listening ear and give me support. Talking about my problems makes me feel better. My wife, especially, is good at giving advice or just being there to listen.

My friends are also great to discuss work issues with. They offer different **perspectives**, which is really helpful. They can sometimes give **practical** advice if they have been through a **similar** situation. It's nice to have people outside of work to talk to.

One time, I was so stressed about a big project that I started talking to my cat about it. I guess I needed to **vent**, and my cat was the only one around. She just sat there, listening. I laughed at myself for talking to a cat about work **deadlines**.

語句・表現

· When it comes to...
  〜となると

· perspective
  視点

· practical
  実用的な、実践的な

· similar
  よく似た、同様の

· vent
  発散する、愚痴をこぼす

· deadline
  締め切り

 例文の訳

　仕事上のストレスに関しては、家族や友達に話して役立ったことが多いです。彼らは話をよく聞き、サポートをしてくれます。問題について話すことで、私は気持ちが軽くなるように感じます。特に妻はアドバイスをくれたり、ただそこにいて聞いてくれたりするのが得意です。

　友達も仕事の問題について話し合う相手にピッタリです。彼らは異なる視点を提供してくれるので、本当に助かります。時には、彼らも似たような状況を経験していて、実用的なアドバイスをくれることがあります。仕事の外で話せる人がいることは良いことです。

　あるとき、大きなプロジェクトについてのストレスが大きくなりすぎて、猫に話し始めました。多分愚痴をこぼす必要があったのでしょうが、そのときは猫だけがそばにいたのです。彼女はそこに座って、聞いてくれました。猫に向かって仕事の締め切りについて話している自分に笑ってしまいました。

応用表現

❶ I talk about it mostly with friends who understand my work environment.
その話は、私の仕事環境を理解してくれる友人とすることが多いです。

❷ I share work stress with family for advice and comfort.
仕事のストレスは家族と分かち合い、アドバイスや慰めをもらいます。

❸ Honestly, I try not to burden my family and friends with work issues. 正直なところ、家族や友人には仕事の問題で負担をかけないようにしています。

❹ I occasionally mention work stress, but I mostly manage it myself. 時折仕事のストレスについて話すことはありますが、ほぼ自分で対処しています。

❺ I usually keep work stress to myself; I prefer dealing with it independently. 仕事のストレスはたいてい自分一人で抱え込みます。一人で対処する方が好きです。

51 同僚との飲み会に参加するのは 好きですか?

Do you enjoy attending drinking parties with coworkers?

 例文を見てみよう!

Participating in workplace drinking parties is something I have **mixed feelings** about. On one hand, I enjoy the chance to **bond** with my colleagues outside of the usual work environment. It's a time to relax and chat about **non-work-related topics**, which can be really refreshing. These gatherings help build stronger relationships with the team.

On the other hand, I'm not always in the mood for these events. After a long day at work, sometimes I just want to go home and rest. Also, not everyone is comfortable in drinking settings, and I think it's important to respect that. I prefer when there are options for those who don't drink, so everyone can **feel included** and comfortable.

There was this one time when I tried to be the life of the party and ended up singing karaoke very loudly – and very **off-key**. My colleagues still tease me about my 'unique' singing talent.

語句・表現

· participate in...
〜に参加する

· mixed feelings
複雑な感情、気持ち

· bond
絆、親睦

· non-work-related topics
仕事に関係のない話題

· feel included
自分が受け入れられていると感じる、参加しやすい

· off-key
音痴の

ヒントにしたい

応用表現

 例文の訳

　職場の飲み会に参加することについては複雑な気持ちがあります。一方では、普段の職場の環境とは違う場所で同僚と親睦を深める機会を楽しんでいます。リラックスして仕事以外の話ができるのは本当に心地良いですね。これらの集まりはチームとの関係を強化する助けになります。

　しかしもう一方で、そういったイベントに常に乗り気なわけではありません。長い1日の仕事の後には、ただ家に帰って休みたいと思うこともあります。また飲み会という場が全員にとって快適であるとは限らず、その点を尊重することが大事だと思います。飲まない人向けの選択肢があれば、誰もが受け入れられていると感じ、快適だと思えるでしょう。

　あるとき私はパーティーの主役になろうとして、とても大声で、それも音を外してカラオケを歌ってしまいました。同僚は今でも私の「ユニーク」な歌唱力をからかっています。

3

人間関係・コミュニケーション

❶ Yes, it's fun to hang out with colleagues and have drinks together.
はい、同僚と集まって一緒にお酒を飲むのは楽しいです。

❷ No, I prefer quieter evenings and don't enjoy big drinking parties. いえ、私は静かな夜を過ごすのが好きなので大規模な飲み会は好きではありません。

❸ Sometimes, but it depends on my mood and how busy I am.
時々参加しますが、私の気分と忙しさ次第ですね。

❹ Attending these parties is okay, but I don't drink alcohol, so I just enjoy the conversation. こうした飲み会に参加するのもいいですが、お酒が飲めないので会話を楽しむだけです。

❺ I used to enjoy them, but now I prefer spending time with family or close friends. 以前は飲み会を楽しんでいましたが、今は家族や親しい友人と時間を過ごす方が好きです。

52 どのように家族との時間を 過ごしますか？

How do you spend your time with family?

 例文を見てみよう！

Spending time with my family is something I really value. We often like to cook meals as a family. Everyone has a role, whether it's **chopping** vegetables, **stirring** what's in the **pot**, or setting the table. It's a great way to talk and catch up on each other's lives. Sharing a meal that we've made together feels special.

We also enjoy watching movies or playing board games on the weekends. It's a fun way to relax and enjoy each other's **company**. Sometimes, we pick a movie series and watch it over a few weekends. With board games, we get a little **competitive**, but it's always in good fun.

One time, during a board game night, I was so confident about winning that I started a victory dance too early. Then, I lost on the very next turn! My family still **teases** me about my **premature** celebration.

語句・表現

· chop
〜を切る

· stir
〜をかき混ぜる

· pot
鍋

· company
同伴、同席

· competitive
競争の、競争的な

· tease
からかう

· premature
早まった、時期尚早な

応用表現

例文の訳

　家族と過ごす時間は私にとって、とても大切です。よく家族で料理を作りたくなります。野菜を切ったり、鍋をかき混ぜたり、テーブルをセットしたりと、それぞれに役割があります。互いの近況を話すのにとても良い方法です。一緒に作った食事をみなで食べると、特別な気持ちになります。

　週末に映画を観たり、ボードゲームをしたりするのも楽しいです。リラックスして一緒にいるのを楽しむ良い方法です。時には、映画のシリーズを選んで、何回かの週末を使って観ることもあります。ボードゲームでは少し競い合いますが、いつも楽しい雰囲気で行います。

　あるときボードゲームをした夜に、勝つ自信があったので、勝利のダンスを早く始めすぎてしまいました。そして、次のターンで負けてしまったのです！　家族は今でも、私が早過ぎたお祝いをしたことをからかっています。

3

人間関係・コミュニケーション

❶ I love going on weekend trips with my family to explore new places.
家族と一緒に週末旅行に行って、新しい場所を探索するのが大好きです。

❷ I enjoy playing sports with my kids and going for walks with my wife.
子供たちとスポーツをしたり、妻と散歩したりするのが好きです。

❸ I like doing DIY projects and crafts with my family on weekends.
週末に家族と一緒にDYI計画を実行したり、工作をするのが好きです。

❹ Reading stories to my children and helping them with homework is how I spend evenings.　子供たちにお話を読み聞かせたり、宿題を手伝ったりするのが私の夜の過ごし方です。

❺ We enjoy outdoor activities like hiking, biking, and picnics in the park.　私たちはハイキング、サイクリング、公園でのピクニックなどのアウトドアアクティビティを楽しみます。

あなたにとって家族は どんな存在ですか？

What does family mean to you?

 例文を見てみよう！ 053

For me, family is the **cornerstone** of my life, and this has become true especially since having children. Being a parent has helped me grow more than I ever could have imagined. I've learned **patience**, understanding, and a kind of love that's hard to describe. My children challenge me, teach me, and **remind me of** the joy in the small things.

We **explore** the world together, and I see things through their curious eyes. Whether it's a simple walk in the park or a family vacation, every experience feels new and exciting with them.

One of the best things about having kids is seeing the world from their unique perspective. Like the time we went camping, and they **were** more **fascinated by** the bugs than the **scenery**! We spent hours looking at ants instead of the mountains. It was a gentle **reminder** of how children view the world differently.

語句・表現

· cornerstone
  基本、根本理念

· patience
  忍耐

· remind A of B
  AにBを思い出させる

· explore
  〜を探検する

· be fascinated by...
  〜に魅了される

· scenery
  景色

· reminder
  思い出させること

ヒントにしたい

応用表現

例文の訳

　私にとって、家族は人生の土台となるものであり、子供を持ってからはこの思いが特に強くなりました。親になることで、想像以上に成長しました。忍耐、理解力、そして言葉では表現しにくい種類の愛を学びました。私の子供たちは私に挑み、教えてくれ、小さなことにおける喜びを思い出させてくれます。

　私たちは一緒に世界を探検し、彼らの好奇心旺盛な目を通して物事を見ます。公園でただ歩くことであれ、家族との休暇であれ、彼らと一緒ならどんな体験も新しく、ワクワクするものに感じられます。

　子供たちがいることの最良な点の一つは、彼らのユニークな視点から世界を見られるようになることです。例えばキャンプに行ったとき、彼らは景色よりも虫に魅了されていました！　私たちは山ではなくアリを見て数時間を過ごしました。子供たちは世界を異なる方法で見ていることを優しく思い出させてくれました。

3

人間関係・コミュニケーション

❶ **Family members stand by you during tough times, like illness or failure.**
家族は、病気や失敗など大変なときにあなたの味方になってくれます。

❷ **Family are the people who celebrate your successes and comfort you in sorrow.**　家族とはあなたの成功を祝い、悲しみの中にいるあなたを慰めてくれる人たちです。

❸ **Family means having someone to laugh with in joy and cry with in pain.**　家族とは、喜びのときに一緒に笑い、苦しいときに一緒に泣いてくれる人がいるということです。

❹ **They're the ones who support your dreams, even when they seem impossible.**　家族とは、たとえ不可能に思えることでも、あなたの夢を応援してくれる人たちです。

❺ **Family is sharing meals, stories, and life's ups and downs together.**
家族とは、食事や物語、人生の浮き沈みを共に分かち合うものです。

54 あなたの親しい友人は どんな人ですか？

What are your close friends like?

 例文を見てみよう！ 054

My close friend is a fantastic person who has been a part of my life for many years. He's an **easy-going** individual with a great sense of humor and a positive outlook on life. We often find ourselves laughing uncontrollably at the silliest things.

One of the things that makes my friend special is his **unwavering** support. Whether I've faced personal challenges or professional **setbacks**, he's been there to lend a **sympathetic** ear and provide valuable advice. Despite our busy lives and the physical distance that separates us, we make it a point to catch up regularly, either through phone calls or occasional meetups.

One memorable incident involved us attempting a challenging hiking trail, thinking it would be a **breeze**. However, we **underestimated** the **terrain**, and what was supposed to be a day hike turned into an unexpected overnight camping adventure. It was both thrilling and terrifying.

押さえたい

語句・表現

- easy-going
  気楽な、おおらかな

- unwavering
  揺るぎない

- setback
  挫折

- sympathetic
  同情的な

- breeze
  微風、たやすいこと

- underestimate
  〜を甘く見る、過小評価
  する

- terrain
  地形

ヒントにしたい

応用表現

 例文の訳

　私の親しい友人は素晴らしい人で、何年もの間、私の人生の一部となっています。彼は大らかでユーモアのセンスがあり、人生に対して前向きな人です。私たちはよく何気ないことで堪え切れずに笑ってしまいます。

　その友人が特別なのは彼の揺るぎないサポートがあるからです。個人的な課題に直面しているときも、仕事上でつまずいたときも、彼はいつも共感を示し、貴重なアドバイスをくれます。忙しい生活を送り、離れて暮らしていても、定期的に電話で話したり、時折会うようにしています。

　特に印象深いエピソードのひとつは、私たちが挑戦的なハイキングコースを試みたことです。簡単だろうと思っていましたが、地形を甘く見てしまい、日帰りハイクのつもりが思いがけず一泊のキャンプの冒険になりました。スリリングであり、恐ろしい体験でもありました。

❶ My close friends are funny, kind, and always there when I need them. 私の親しい友人たちは、面白くて、優しくて、必要なときにいつもそばにいてくれます。

❷ My friends are like family; we share everything and support each other. 私の友人たちは家族のようなもので、何でも分かち合い、支え合っています。

❸ They're adventurous and love trying new things, which makes life exciting. 彼らは冒険心があり、人生をワクワクさせるような新しいことに挑戦するのが大好きです。

❹ They're creative and artistic, always inspiring me with their ideas. 彼らは創造的で芸術的で、いつも彼らのアイデアで私にインスピレーションを与えてくれます。

❺ We share similar hobbies like sports and music.
スポーツや音楽など、趣味も似ています。

友人関係で大切にしていることは
何ですか？

What do you value in a friendship?

 例文を見てみよう！

In my friendships, honesty is something I value the most. It's important for me that my friends and I can tell each other the truth, even when it's hard. This honesty creates a strong trust between us.

Another thing I value in friendships is **supportiveness**. Life can be tough, and having friends who are there for you through the ups and downs makes a big difference. Whether it's **celebrating** successes or **offering a shoulder to lean on** during hard times, knowing that my friends are there for me is **comforting**.

Humor also plays a big part in my friendships. For example, at a close friend's wedding, I was asked to give a speech. Nervous, I drank a little too much and ended up giving a rather **embarrassing** speech. To this day, we still laugh about it. It was a moment of **vulnerability**, but being able to laugh about it together has only made our friendship stronger.

語句・表現

· supportiveness
 助けになること

· celebrate
 〜を祝う

· offer a shoulder to
 lean on
 悩みを聞いてやる

· comforting
 慰めとなる

· embarrassing
 恥ずかしい

· vulnerability
 弱さ、脆弱性

応用表現

例文の訳

　友情において最も大事にしているのは正直さです。友人とは互いに、大変なときであっても、本当のことを語り合えることが重要です。この正直さが、私たちの間に強い信頼を生み出します。

　また友情において重視しているのは助けになることです。人生は時に厳しく、良いときも悪いときもあなたを支えてくれる友人がいると、人生が大きく変わります。成功を祝ったり困難なときに悩みを聞いてくれたりと、友人が自分のためにいてくれると知ると心強いです。

　ユーモアも私の友情で大きな役割を果たしています。例えば親しい友人の結婚式でスピーチを頼まれたとき、緊張のあまり少し飲みすぎてしまい、かなり恥ずかしいスピーチをしてしまいました。今でもそのことについて笑い合っています。それは弱さをさらけ出す瞬間でしたが、一緒に笑い合うことで、私たちの友情はより強いものになりました。

❶ **Trust, fun times, and being there for each other are important in friendships.** 信頼関係、楽しい時間、お互いのためにいることは、友情において大切なことです。

❷ **Sharing interests, caring, and being reliable are what I look for in friends.** 関心事を共有し、思いやりがあり、信頼できることが、私が友人に求めるものです。

❸ **I appreciate friends who are patient, forgiving, and who make me laugh.**
忍耐強く、寛容で、私を笑わせてくれる友人を評価します。

❹ **In friendships, I value open communication, shared experiences, and mutual respect.** 友情においては、オープンなコミュニケーション、経験の共有、相互尊重を大切にします。

❺ **Trust and the ability to be yourself are crucial in a strong friendship.**
強い友情を結ぶには、信頼し、自分らしくいられることが重要です。

**Do you have any interesting memories
with family or friends?**

 例文を見てみよう!

One memorable event with my family was
when we went camping. It was my first time
sleeping in a tent. We **set up** our camp near a
beautiful lake. The air was fresh, and the sound of
nature was very **relaxing**. We cooked our dinner
over a campfire, which was a fun experience.

The next morning, we planned to go fishing.
I was **excited** because I had never fished before.
My dad showed me how to use the **fishing rod**. I
tried my best, but I wasn't very good at it. **Instead
of** catching fish, I accidentally caught a tree
branch. My family laughed, and I laughed too. It
was a funny moment.

That camping trip is a wonderful memory
for me. We enjoyed simple things like making
s'mores and telling stories. Even though I didn't
catch any fish, the time spent with my family was
very special. I still remember the taste of the fish
my father caught and cooked for us.

語句・表現

- set up...
  〜を設営する

- relaxing
  リラックスできる

- excited
  興奮した

- fishing rod
  釣り竿

- Instead of...
  〜の代わりに

- s'mores
  スモア（焼きマシュマロ
  をチョコとクラッカーで
  挟んだお菓子）

 例文の訳

　私の家族との思い出深い出来事のひとつは、キャンプに行ったときのことです。テントで寝るのはそのときが初めてでした。私たちは美しい湖の近くでキャンプをしました。空気は新鮮で、自然の音でとてもリラックスできました。キャンプファイヤーで夕食を作るのは楽しい経験でした。

　翌朝、私たちは釣りに行く予定でした。私は釣りをしたことがなかったので、ワクワクしていました。父が釣り竿の使い方を教えてくれました。私は一生懸命やりましたが、あまり上手ではありませんでした。魚を捕まえる代わりに、誤って木の枝を釣ってしまいました。家族は笑い、私も笑いました。面白い瞬間でした。

　そのキャンプ旅行は私にとって素晴らしい思い出です。スモアを作ったり、ただ話をしたりと単純なことを楽しみました。魚を捕まえることができなかったとしても、家族と過ごした時間はとても特別なものでした。父が捕まえて調理してくれた魚の味は、今でも忘れられません。

ヒントにしたい

応用表現

❶ Celebrating my best friend's birthday party was a great memory.
親友の誕生日パーティーを祝ったのはいい思い出です。

❷ I recall a family reunion where we shared stories and laughed a lot.
家族の集まりでは、いろいろな話をし、たくさん笑ったことを思い出します。

❸ Holding a concert with friends was an unforgettable experience.
友人たちとコンサートをやったことは忘れられない体験となりました。

❹ Cooking a holiday meal together with my family is a cherished memory.
家族と一緒に休日の食事を作ったことは大切な思い出です。

❺ Seeing a sky full of stars while camping is a cherished family memory.
キャンプで満天の星空を見たことは、大切な家族との思い出です。

How do you spend time when you meet
with friends?

 例文を見てみよう！

When I **hang out with** friends, we like to
have fun and relax. We often meet at our favorite
coffee shop or a nice restaurant. We love to eat
together. Each of us has a favorite dish that we
always order. It's a good start to our time together.

After eating, we talk about many things like
work, hobbies, and new movies or books. We
also tell funny stories or share **embarrassing**
moments. Once, I told them about how I fell
during a dance class when I was trying to **show
off**. Everyone laughed a lot at that story.

We sometimes play board games or go see
a comedy show. These games can be really
exciting. We all **get competitive** and **tease** each
other. It's always full of laughs. **No matter what
we do**, we just enjoy being together. It's the fun
and laughter that make our time special.

語句・表現

· hang out with...
〜と遊ぶ、一緒に過ごす

· embarrassing
恥ずかしい

· show off
かっこつける

· get competitive
競争的になる、アツくなる

· tease
〜をからかう

· no matter what we do
何をしていても

 例文の訳

　友人たちと遊ぶとき、私たちは楽しんでリラックスするのが好きです。よくお気に入りのカフェや素敵なレストランで会います。一緒に食事をするのが大好きです。それぞれがいつも注文するお気に入りの料理があります。そうやって私たちの時間が始まります。

　食事の後、私たちは仕事や趣味、新しい映画や本など、多くのことについて話します。面白い話をしたり恥ずかしい瞬間を分かち合うこともあります。一度、ダンスクラスでかっこをつけるつもりが転んでしまった話をしたことがあります。その話でみんなたくさん笑いました。

　時々ボードゲームをしたり、お笑いのライブを見に行ったりもします。ボードゲームは本当にエキサイティングです。みんな対抗心を燃やし、互いをからかいます。いつも笑いに満ちています。何をしていても、ただ一緒にいることを楽しみます。楽しんで笑うことが私たちの時間を特別なものにしてくれます。

3

人間関係・コミュニケーション

ヒントにしたい

応用表現

❶ **Sometimes we play sports or go for a run together.**
一緒にスポーツをしたり、走ったりすることもあります。

❷ **We often meet at a cafe and talk over coffee.**
よくカフェで会い、コーヒーを飲みながら話をします。

❸ **We like watching movies or going to the cinema together.**
一緒に映画を観たり、映画館に行くのが好きです。

❹ **We often enjoy playing video games or board games together.**
ビデオゲームやボードゲームを一緒に楽しむことが多いです。

❺ **We go shopping or walk around the city exploring new places.**
買い物に出かけたり、新しい場所を探索しながら街を歩き回ったりします。

58

家族や友人とのコミュニケーションで
心がけていることはありますか?

Is there anything you keep in mind when
communicating with family or friends?

 例文を見てみよう!

When communicating with family and friends, I
always try to be honest and open. Sometimes, this
can lead to **disagreements** or even **arguments**,
but I believe it's worse to keep my feelings
hidden. Sharing honestly helps us understand
each other better, even if we don't always agree.

I also **focus on** being a good listener. I give
my full attention and show that I care about
their opinions. This helps us have deeper and
more meaningful conversations. It's important
to respect each other's views, even when theirs
differ from mine.

One time, I tried to tell a joke to **lighten**
the mood during a disagreement, but I forgot
the **punchline**! It led to an **awkward silence**,
and then we all **burst out laughing**. It was a
funny mistake, but it showed that it's okay to be
imperfect.

語句・表現

· disagreement
不一致

· argument
議論

· focus on...
〜に注力する

· lighten
〜を軽くする、和らげる

· punchline
(笑い話の)オチ

· awkward silence
気まずい沈黙

· burst out laughing
思わず笑う、爆笑する

応用表現

例文の訳

家族や友人とコミュニケーションを取る際には常に正直でオープンであるよう心がけています。時には意見の不一致や議論になることもありますが、感情を隠しておく方が、より悪いことだと思っています。正直に話すことで、常に同意するわけではなくても、お互いをより理解する助けになります。

また良い聞き手になるようにしています。最善の注意を払い、彼らの意見を気にかけていることを示します。こうすることで、より深く意味のある会話をすることができます。互いの意見を尊重することは、それが自分の意見と異なる場合でも重要です。

あるとき、意見の不一致の最中に雰囲気を和らげるために冗談を言おうとしましたが、オチを忘れてしまいました！ 気まずい沈黙につながりましたが、それから私たちはみなで爆笑しました。面白いミスでしたが、完璧でなくても大丈夫だということを示した体験でした。

3

人間関係・コミュニケーション

❶ I make sure to listen carefully and show understanding.
私は注意深く話を聞き、理解を示すよう心がけています。

❷ Being honest yet kind with my words is important.
ものを言うときには正直でありながら優しい言葉を発することが大切です。

❸ I try to keep conversations positive and uplifting.
会話をポジティブで明るいものにするよう心がけています。

❹ Respecting their opinions and not interrupting is key.
相手の意見を尊重し、口を挟まないことが重要です。

❺ Showing empathy and being supportive is essential.
共感を示し、協力的になることが重要です。

59

家族や友人との大事な習慣や伝統は
ありますか？

Do you have any important customs or
traditions with your family or friends?

 例文を見てみよう！　

In my family, we have a special tradition every
year. We gather for a big family meal on New
Year's Eve. We cook a lot of delicious food and
enjoy each other's **company**. This tradition is
very important to us, and it's a way to start the
new year with love and happiness.

Another tradition we have is playing board
games after our New Year's meal. It's always so
much fun. We choose different games each year,
and everyone gets really **competitive**. It's a great
way to laugh and spend time together. Even the
adults act like kids again during the games.

Last New Year's, **unfortunately**, I caught
the **flu** and couldn't join, but I was able to
participate this year, and it was great to see
everyone's **cheerful** faces again. Starting the year
alone and in pain is very different from starting it
surrounded by smiles. It feels like this year will
be full of good things.

語句・表現

- ·company
  同伴、同席

- ·competitive
  競争的な

- ·unfortunately
  残念ながら

- ·flu
  インフルエンザ

- ·participate
  参加する

- ·cheerful
  陽気な、明るい

- ·surrounded by...
  ～に囲まれて

ヒントにしたい
応用表現

 例文の訳

　私の家族には毎年特別なしきたりがあります。大晦日には、家族全員でごちそうを食べます。私たちはたくさんのおいしい料理を作り、一緒に食べます。このしきたりは私たちにとって非常に大切で、新年を愛と幸せと共に始める方法です。

　もうひとつの伝統は、新年の食事の後にボードゲームをすることです。いつもとても楽しいです。毎年異なるゲームを選び、みな本当に競争心を燃やします。笑いながら一緒に時間を過ごす素晴らしい方法です。ゲームをしている間、大人たちも子供のように振る舞います。

　残念ながら、去年のお正月にはインフルエンザにかかり、家族の集まりに参加できませんでした。しかし今年は久しぶりに参加でき、みなの明るい顔を再び見ることができてうれしかったです。一人で、つらい状況で年を始めるのと、笑顔に囲まれて始めるのとでは全く違います。今年は良いことがたくさん起きるように感じます。

❶ **Every summer, we watch fireworks together.**
毎年夏には一緒に花火を見ます。

❷ **On birthdays, we always bake a homemade cake and sing songs.**
誕生日には必ず手作りケーキを焼いて歌を歌います。

❸ **We play board games on the first Saturday of each month.**
毎月第一土曜日にはボードゲームをします。

❹ **Every Christmas, we decorate the tree and exchange gifts.**
毎年クリスマスにはツリーを飾り、プレゼントを交換します。

❺ **We take a family photo every year at the same spot.**
毎年同じ場所で家族写真を撮ります。

3

人間関係・コミュニケーション

60 家族や友人に感謝したいことは ありますか？

When you think about your friends or family, what are you thankful for?

 例文を見てみよう！

In my early thirties, I made a **bold move** by changing jobs and moving from Miyazaki to Tokyo. My wife supported the decision, and her **encouragement** helped me through the transition. I was grateful to have her support during such a **significant** life change.

Our children, who had to change schools, **initially** found it challenging to fit in. However, now they seem happy in Tokyo and have made good friends.

I'm grateful to my wife for respecting my choice and to my children for growing up to be strong and **adaptable**. Their support and ability to **embrace** change have been incredible. Even after making such a big move for my own career, I still often **complain about** work, which my wife scolds me about. Maybe I'm the least adaptable person in my family.

押さえたい

語句・表現

· bold move
大胆な行動

· encouragement
奨励、激励

· significant
重要な

· initially
最初は

· adaptable
順応性のある

· embrace
〜を受け入れる、抱きしめる

· complain about...
〜について文句を言う

ヒントにしたい

応用表現

 例文の訳

　30代に入ったばかりの頃、私は大胆な行動をとり、転職をして宮崎から東京に引っ越しました。妻はこの決断を支持してくれ、この過渡期に彼女の励ましが大きな助けとなりました。そのような人生の大きな変化の間に、彼女の支援をもらえたことに本当に感謝しています。

　転校しなければならなかった私たちの子供たちは、最初は新しい学校になじむのが難しいようでした。しかし、今では東京で楽しそうですし、良い友達を作ることもできました。

　私の選択を尊重してくれた妻と、強さと順応性を持って育ってくれた子供たちに感謝しています。彼らのサポートと変化を受け入れる能力は信じられないほどでした。キャリアについてこんなに大きな行動をしたにもかかわらず、しばしば仕事について妻に不平を言ってしまい、彼女に叱られます。私が家族の中で最も適応力がないかもしれませんね。

❶ Their understanding and patience mean a lot to me.
彼らが理解し我慢してくれたことは私には大きな意味を持ちます。

❷ I appreciate how they always make time for me.
いつも私のために時間を作ってくれることに感謝しています。

❸ I'm grateful for the fun and laughter we share.
私たちが分かち合っている楽しさと笑いに感謝しています。

❹ I'm thankful for the memories we've created together.
一緒に作ってきた思い出に感謝しています。

❺ Their encouragement and faith in me are truly special.
彼らの励ましと私への信頼は本当に特別なものです。

61 今の仕事について詳しく教えて ください。

Please tell me some details about your current job.

 例文を見てみよう！

I currently work as a software **developer**. My main job is to write code for computer programs. I spend a lot of time on my computer writing, testing, and **fixing** code. It's a job that requires a lot of focus and **problem-solving** skills.

A big part of my job involves working with a team. We meet often to discuss our projects. We share ideas and help each other. Teamwork makes our projects successful. We learn a lot from each other.

Sometimes, things don't go as planned. Like the time I spent hours trying to fix a bug in some code, **only to** find out I was working with the wrong file! It was a bit **embarrassing**, but my **colleagues** were very understanding. We all had a good laugh about it. Mistakes like this are part of learning and growing in my job.

語句・表現

- developer
  開発者

- fix
  修正する

- problem-solving
  問題解決

- only to...
  〜しただけだった

- embarrassing
  恥ずかしい

- colleague
  同僚

ヒントにしたい

応用表現

例文の訳

　現在、私はソフトウェア開発者として働いています。主な仕事は、コンピュータプログラムのためのコードを書くことです。コードの作成、テスト、修正をするのに多くの時間を割いてコンピュータ作業をしています。集中力と問題解決能力を多く必要とする仕事です。

　仕事の大部分では、チームとの協力が必要になります。私たちは頻繁に集まってプロジェクトについて話し合いをします。アイデアを共有し、お互いを助け合います。チームワークが私たちのプロジェクトを成功に導きます。私たちは互いから多くを学びます。

　時には計画通りに行かないこともあります。例えばコード内のバグを修正しようと何時間も費やした後で、間違ったファイルを扱っていたことがわかったりします！　当惑しましたが、同僚はとても理解がありました。私たちはみな、そのことについて楽しく笑い合いました。このような間違いは、仕事で学び成長する一部となります。

4
仕事とキャリア

① **I work in customer service, helping people with their questions.**
私はカスタマーサービスで働き、人々の質問に答えています。

② **As a writer, I create stories and content for various platforms.** ライターとして、様々なプラットフォーム向けに記事やコンテンツを作成しています。

③ **I run my own business, selling handmade crafts online.**
私は自分の会社を経営しており、ハンドメイドの工芸品をオンラインで販売しています。

④ **As a graphic designer, I create visual content for brands and advertisements.** グラフィックデザイナーとして、ブランドや広告のビジュアルコンテンツを制作しています。

⑤ **I'm a nurse, so I care for patients and assist doctors.**
看護師なので、患者のケアや医師の補助をしています。

62

仕事での成功とワークライフバランス
とでは、どちらを重視しますか？

Do you prioritize work success or a work-life balance?

 例文を見てみよう！

For me, a work-life balance is more important than success. I believe that being happy and healthy is key to doing well at work. When I have time for hobbies and family, I feel more relaxed and focused. This balance makes me more creative and **productive**.

Of course, success at work is also important. But I've learned that working all the time doesn't **equate to** success. It's important to find the right balance. Taking breaks and having time off makes me a better worker. It's like **recharging** my batteries.

I once worked so hard that I forgot my own **wedding anniversary**! My wife was not happy about that. I **immediately** added our anniversary to my Google Calendar. Now, I **make sure to** manage my time better.

語句・表現

· **productive**
生産的な

· **equate to...**
〜と等しい、同等である

· **recharge**
〜を充電する

· **wedding anniversary**
結婚記念日

· **immediately**
すぐに

· **make sure to...**
必ず〜する

ヒントにしたい

応用表現

 例文の訳

　私には仕事の成功よりも、ワークライフバランスの方が重要です。幸せで健康であることが、仕事がうまくいくための鍵になると信じています。趣味や家族のための時間が持てると、リラックスし、集中できるように感じます。このバランスが、私にとって、より創造的で生産的であるのに役立ちます。

　もちろん仕事での成功も重要です。しかし、常に仕事をしていれば成功するわけではないことを学びました。適切なバランスを見つけることが大事です。休憩や休暇を取った方が、私は優秀な働き手になれます。バッテリーを充電するようなものです。

　一度、働きすぎて自分の結婚記念日を忘れてしまったことがあります！　妻はそのとき不満そうでした。すぐに結婚記念日を Google カレンダーに追加しました。今では上手に時間を管理するようにしています。

4
仕事とキャリア

❶ **For me, success at work is important, but not at life's expense.**
私にとって仕事での成功は大事ですが、人生を犠牲にはしません。

❷ **I strive for a balance between professional success and personal time.**
仕事上の成功とプライベートの時間のバランスを保つよう努力しています。

❸ **Finding a middle ground between career growth and life outside work is crucial.**
キャリアの成長と仕事以外の生活の中間点を見つけることが重要です。

❹ **I focus on being successful at work but not sacrificing my personal life.** 仕事で成功することに重点を置いていますが、私生活を犠牲にすることはありません。

❺ **Achieving a good work-life balance is my top priority for my overall well-being.** ワークライフバランスをうまく取ることが、全体的な幸福感を得るための最優先事項です。

63

チームで働くのと一人で働くのとでは、どちらが好きですか?

Do you prefer working in a team or working alone?

 例文を見てみよう!

I **prefer** working in a team rather than working alone. In a team, I can share ideas and get different **perspectives**. It's great to **collaborate with** others and create something together. Teamwork brings a variety of skills and knowledge, which makes our work better.

However, working alone has its **benefits** too. I can focus deeply on my tasks without **distractions**. It's easier to manage my time and work at my own pace. Sometimes, being alone helps me to think more creatively and solve problems quickly.

One funny thing about working in a team is that we sometimes have too many ideas. Everyone wants to add their own spice to the soup! Once, we spent an **entire** meeting just trying to decide on a project name. It was a bit **chaotic**, but we all laughed about it later.

語句・表現

- prefer
  〜をより好む

- perspective
  視点

- collaborate with...
  〜と協力する

- benefit
  利益

- distraction
  気が散ること

- entire
  全体、全体の

- chaotic
  混沌とした

応用表現

例文の訳

　私は一人で働くよりもチームで働く方が好きです。チームでは、アイデアを共有し、異なる視点を得ることができます。他の人と協力して何かを一緒に作り上げるのは素晴らしいことです。チームワークからは様々なスキルや知識が得られ、私たちの仕事をより良いものにします。

　しかし、一人で働くことにも利点があります。気が散ることなく、自分のタスクに深く集中できます。時間を管理しやすいですし、自分のペースで仕事をすることができます。時には、一人でいることがより創造的に思えますし、迅速に問題を解決するのに役立つこともあります。

　チームで働くことの面白い点の一つは、時にアイデアが多すぎてしまうことです。みながスープに自分のスパイスを加えたがっているようなものです！　あるとき、プロジェクトの名前を決めるだけで、会議の時間を全て費やしたことがありました。少しカオスでしたが、後になってみなで笑いました。

4

仕事とキャリア

❶ **Working alone suits me best as I enjoy independent focus.**
単独で集中するのが好きなので、一人で仕事をするのが一番合っています。

❷ **I like teamwork for the diverse perspectives and team spirit.**
チームワークは、多様な視点とチームスピリットがあるから好きです。

❸ **I prefer solo work for the freedom to manage tasks my own way.** 一人で仕事をするのが好きなのは自分のやり方で自由にタスクを管理できるからです。

❹ **Teams offer a great way to learn from others.**
チームでは、他の人から良い方法を学ぶことができます。

❺ **I appreciate the support and creativity I get from a team.**
チームから得られるサポートと創造性に感謝しています。

64

リモートワークとオフィスワーク、どちらが好きですか?

Which do you prefer, remote work or office work?

 例文を見てみよう! 064

I prefer remote work to office work. Working from home gives me **flexibility** and **comfort**. I can start my day without **commuting**, which saves a lot of time. I also like being in my own space. It helps me concentrate better and be more productive.

However, I do miss some aspects of office work. It's nice to be around colleagues and have face-to-face **interactions**. Casual chats and lunch breaks with them are something I miss. Office work creates teamwork that's hard to **replicate** remotely.

One funny thing about working from home is video call **mishaps**. Once, my cat jumped onto my desk during a meeting and knocked over my coffee mug. It was a bit embarrassing, but everyone on the call laughed. It **lightened the mood** and brought us closer, even though we were all working from different places.

· flexibility
柔軟性

· comfort
快適さ

· commute
通勤する

· interaction
交流

· replicate
〜を再現する

· mishap
事故

· lighten the mood
雰囲気を和らげる

4

仕事とキャリア

例文の訳

　私はオフィスワークよりリモートワークを好みます。自宅での仕事の方が柔軟になれるし快適です。通勤せずに1日を始めることができるので、多くの時間を節約できます。また、自分自身のスペースにいるのも好きです。集中力が増し、より生産的になれます。

　しかし、オフィスワークのある面が恋しかったりもします。同僚たちと一緒にいて、面と向かって交流するのは良いものです。彼らとのカジュアルなおしゃべりやランチ休憩も懐かしいです。オフィスワークはリモートでは生み出しにくいチームワークを生み出します。

　自宅での仕事の面白い点のひとつは、ビデオ通話でのハプニングです。あるとき、会議中に私の猫がデスクに飛び乗り、コーヒーカップを倒してしまいました。少し恥ずかしかったですが、通話中の全員が笑いました。その出来事は雰囲気を和らげ、私たちが異なる場所で働いていても、互いに近づくことができました。

ヒントにしたい
応用表現

❶ **Office work is better for me because of the structured environment.** オフィスでの仕事は、しっかりした構造の環境で働けるので、私には向いています。

❷ **Being in an office helps me focus and collaborate better.**
オフィスにいる方が集中できるし、共同作業もはかどります。

❸ **Remote work suits my lifestyle, allowing me to work from anywhere.** リモートワークはどこにいても仕事ができて私のライフスタイルに合っています。

❹ **Working remotely gives me more control over my schedule and environment.** リモートワークでは、自分のスケジュールや環境を上手くコントロールできます。

❺ **I prefer office work as it separates work life from home life.**
仕事と家庭の区別がつくので、オフィスワークの方が好きです。

65

現在の職業を選んだ理由は何ですか？

Why did you choose your current profession?

 例文を見てみよう！　 065

I chose my current job in marketing because I have always been interested in understanding **consumer behavior** and creating **strategies** to connect with people. I enjoy the creativity involved in marketing, like designing campaigns and **coming up with** new ideas to engage customers.

Another reason I chose marketing is the dynamic nature of the industry. It's always changing with new trends and technologies. This keeps my job exciting and never **boring**. I get to learn about different **aspects** of the business world and how to **effectively** communicate with different audiences.

A funny thing about working in marketing is that my friends and family think I can sell anything. They often joke that I could even sell sand in the desert. It's **amusing**, but it also shows their belief in my skills.

語句・表現

- consumer behavior
  消費者行動

- strategy
  戦略

- come up with...
  〜を思いつく

- boring
  退屈な、つまらない

- aspect
  点、面

- effectively
  効果的に

- amusing
  面白い

ヒントにしたい

応用表現

 例文の訳

　現在のマーケティングの仕事を選んだのは消費者行動を理解し、人々とつながる戦略を作り出すことにずっと興味があったからです。キャンペーンをデザインしたり、顧客との関係を築くための新しいアイデアを考え出すなど、マーケティングに関わる創造性を楽しんでいます。

　マーケティングを選んだ別の理由はこの業界のダイナミックな性質です。新しいトレンドや技術と共に常に変化しています。それが私の仕事をエキサイティングで決して退屈しないものにしています。この業界の様々な側面について学び、異なる広告の受け手と効果的にコミュニケーションをとる方法を身につけようとしています。

　マーケティング業界で働くことの面白い点は、友人や家族が私なら何でも売れると思っていることです。彼らはよく冗談で、私なら砂漠で砂を売ることもできるだろうと言います。面白い話ですが、同時に彼らが私のスキルをそれだけ信じていることを示しています。

4

仕事とキャリア

❶ **My interest in technology and problem-solving led me to this career.**
テクノロジーと問題解決への関心から、私はこの職業につきました。

❷ **I've always loved creating, so this artistic field spoke to me.**　私は常に創造することが好きだったので、この芸術的な分野は私に訴えかけてきました。

❸ **My profession allows me to explore my curiosity and learn continuously.**
私の職業は自分の好奇心を探求し、絶えず学ぶことを可能にしてくれます。

❹ **I wanted a job that challenges me and matches my skills.**
私は自分にとってチャレンジングで、自分のスキルに見合った仕事をしたいと思っていました。

❺ **I followed my passion for teaching and shaping young minds.**
私は教育し、若い知性を育てたいという情熱に従いました。

66

将来、起業することに興味は
ありますか？

Are you interested in starting a business in the future?

 例文を見てみよう！　 066

When I **retire from** my current job, I dream of opening a book cafe. It's a charming idea, blending my love for books with a **cozy** cafe **atmosphere**. I imagine a place where people can enjoy a good read and a warm cup of coffee.

Running a book cafe will have its challenges, like learning about cafe management and creating a warm, inviting space. I want to offer not just great books and coffee, but also delicious **treats** like homemade cookies and muffins. I think these little touches will make the cafe special. There's a lot to learn, from perfecting **coffee brews** to **baking** tasty snacks, but it would be an exciting journey.

・ retire from...
　〜から引退する

・ cozy
　居心地の良い

・ atmosphere
　雰囲気

・ run
　〜を経営する、運営する

・ treat
　おやつ

・ coffee brew
　コーヒーを淹れること

・ bake
　〜を焼く

 例文の訳

　現在の仕事を退職した後、ブックカフェを開くことを夢見ています。本への愛と居心地の良いカフェの雰囲気を融合させた魅力的なアイデアです。人々が良い本と温かいコーヒーを楽しめる場所を作れればと想像しています。

　ブックカフェを運営するには課題があります。カフェの経営について学ぶことや、温かく魅力的な空間をどうやって作り出すかです。私は素晴らしい本やコーヒーだけでなく、自家製のクッキーやマフィンのようなおいしいおやつも提供したいと思っています。これらの小さな工夫がカフェを特別なものにすると思います。完璧なコーヒーの淹れ方からおいしいスナックを焼き上げることまで、学ぶことはたくさんありますが、この道のりにわくわくしています。

4

仕事とキャリア

ヒントにしたい
応用表現

❶ Yes, starting a business appeals to me because of the creative freedom it offers.
はい、起業は創造する自由を与えてくれるので魅力的に思います。

- -

❷ Starting a business and having financial independence is a dream of mine.
起業して経済的に自立するのが私の夢です。

- -

❸ I'm intrigued by the challenge and potential rewards of starting a business.
起業にチャレンジすることと成功した場合の報酬に興味があります。

- -

❹ I would prefer not to own a business, I think working for a company suits me better.　私は自分で会社を経営しない方がいいと思います。会社で働くのが向いています。

- -

❺ I'm happier being an employee rather than running a business.
会社を経営するよりも、会社員でいる方が幸せです。

- -

67

仕事で得た最も価値のあるスキルは
何ですか？

What is the most valuable skill you have
acquired through your work?

 例文を見てみよう！　

The most valuable skill I've **gained** from work
is effective communication. Good communication
helps me explain my ideas clearly and listen to
others' thoughts. This skill is important in every
part of my job.

I've also learned the importance of teamwork.
Teamwork is not always easy, but it's amazing
what we can achieve when we work together. It's
like being part of a puzzle where every piece is
necessary.

One more thing I've learned is the **art** of
surviving endless meetings. Sometimes, I think
I could win a medal for sitting through long
discussions without **falling asleep**. But there was
this one time I accidentally **yelled out to** my kids
while I was **unmuted** during an online meeting.
It took me a while to **realize** why everyone was
so quiet. It taught me to always check my mic.

- gain
  〜を得る

- art
  技術

- fall asleep
  眠りにつく

- yell out to...
  〜に叫ぶ

- unmute
  ミュートを解除する

- realize
  〜に気づく、理解する

 例文の訳

　私が仕事で得た最も価値のあるスキルは、効果的なコミュニケーション術です。良質なコミュニケーションを身につけていると、自分のアイデアを明確に説明し、他人の考えを聞くのに役立ちます。このスキルは仕事のあらゆる部分で大事になります。

　チームワークの重要性も学びました。チームワークは常に簡単に築けるわけではありませんが、一緒に取り組むことで達成できることには驚くべきものがあります。みなが必要なパズルを完成させるようなものです。

　さらに学んだことは、終わりのない会議を乗り切る技術です。時々眠りこけることなく長い議論を乗り切る技術についてはメダルを獲得できると思います。しかし、オンライン会議中にマイクをミュートにせずに子供たちに大声で叫んでしまったことがありました。なぜみなが静かなのか理解するのにしばらく時間がかかりました。常にマイクを確認するように教えてくれる出来事でした。

4

仕事とキャリア

応用表現

❶ I've developed strong problem-solving skills in my job.
私は仕事を通じて問題解決能力をしっかりと身につけました。

❷ Learning to manage time efficiently has been crucial in my work.
効率的な時間管理を学ぶことは、私の仕事では非常に重要でした。

❸ I've acquired excellent teamwork skills through working in diverse groups.　多様な集団の中で働くことで優れたチームワークスキルを身につけることができました。

❹ Adaptability to change and new challenges is a key skill I've gained.
変化や新たな課題への適応力は、私が身につけた重要なスキルです。

❺ I've become skilled in critical thinking and analyzing complex situations.
クリティカルシンキング（批判的思考）と複雑な状況の分析に熟練しました。

68 将来的に業界を変えたいと思いますか、今の業界に留まりたいですか?

Do you want to change industries in the future, or do you want to stay in your current industry?

 例文を見てみよう！　

I am currently working in the **pharmaceutical** industry and find it extremely **rewarding** and interesting. The work we do has a **significant** impact on health and well-being, which is deeply motivating. The industry offers a unique blend of challenges and rewards, making it more than just a job for me.

However, recently, my interest has **been piqued by** the field of **caregiving**. Seeing my grandmother in a wonderful elder care facility has opened my eyes to the importance of quality care for the elderly.

I **am open to** the possibility of transitioning to caregiving work, perhaps in my 50s. The idea of making a direct, positive impact on **individuals'** daily lives is appealing. I plan to research and explore this option further. It's a big decision, but one that I am considering seriously as I look to the future.

語句・表現

- pharmaceutical
  製薬、製薬の

- rewarding
  やりがいのある

- significant
  重要な

- be piqued by...
  〜に興味をそそられる

- caregiving
  介護

- be open to...
  〜に対して開かれている

- individual
  個人

 例文の訳

　現在、私は製薬業界で働いており、非常にやりがいと面白さを感じています。私たちの仕事は健康と福祉に大きな影響を与えるため、大きなやる気を感じています。この業界は課題とやりがいのユニークな組み合わせを提供しており、私にとっては単なる仕事以上のものになっています。

　しかし、最近、介護分野に興味を持ち始めました。素晴らしい老人ケア施設にいる祖母を見て、高齢者のための質の高いケアの重要性に気づいたのです。

　50代になったら介護業界への転職の可能性を考えています。個人の日常生活に直接的でポジティブな影響を与えるというアイデアは魅力的です。この選択肢についてさらに調査し、探ってみる予定です。大きな決断ですが、未来を見据えて真剣に考えています。

4

仕事とキャリア

ヒントにしたい

応用表現

❶ **I plan to stay in my current industry as it aligns with my passion.**　現在の業界は私の情熱に合致しているので、このままこの業界にい続けるつもりです。

❷ **I'm considering a change to explore new challenges and opportunities.**
新しい挑戦と機会を求めて転職を考えています。

❸ **Exploring a different industry appeals to me for a fresh perspective.**
異なる業界を探ってみることで、新鮮な視点が得られると思います。

❹ **I'm content in my current industry but open to new experiences.**
現在の業界には満足していますが、新しい経験は受け入れたいと思います。

❺ **Changing industries could offer exciting growth and learning prospects.**　業界を変えることで、刺激的な成長と学びに関する展望が得られるかもしれません。

仕事で大切にしていることは何ですか？

What do you value in your work?

 例文を見てみよう！ 069

At work, one thing I value highly is learning from my experiences. Whether I succeed or face challenges, each experience helps me become better at my job. This **constant** learning keeps my work interesting, and myself motivated.

Another important aspect for me is seeking new experiences and challenges. It's exciting to take on tasks that are a bit **scary** at first. These challenges make my work dynamic and keep me from feeling **stuck**.

Meeting different people at work is also something I **treasure**. Each person brings unique ideas and perspectives. Actually, I met my wife through my current company's business **dealings**. Also, since joining this company five years ago, I've made several close friends. The **encounters** I've had at work have truly changed my life.

例文の訳

・constant
継続的な

・scary
怖い

・stuck
停滞

・treasure
〜を大事にする

・dealing
取引

・encounter
出会い

　仕事で私が非常に重視していることのひとつは、経験から学ぶことです。成功しようと課題に直面しようと、それぞれの経験が私が仕事で成長するのに役立ちます。この継続的な学びが、私の仕事を面白くし、モチベーションを保ってくれます。

　もうひとつ重要な側面は、新しい経験と課題を求めることです。最初は少し怖いくらいのタスクに取り組むのが刺激的です。これらの挑戦が、私の仕事をダイナミックなものにし、停滞感から抜け出すのを助けます。

　仕事で様々な人に出会うことも、私が大事に思うことです。それぞれの人がユニークなアイデアや視点を持っています。実は、現在の会社の仕事上の取引を通じて出会った人が私の妻になりました。また、この会社に入社してから5年間で、何人かの親しい友人を作りました。仕事を通じての出会いは、私の人生を本当に変えてくれました。

4

仕事とキャリア

ヒントにしたい

応用表現

❶ **I value the opportunity to help and make a difference in people's lives.**
人々の生活を助け、変化をもたらす機会を大切にしたいです。

❷ **I appreciate teamwork and collaboration with talented colleagues.**
優秀な同僚とのチームワークや協力関係を大切にしたいです。

❸ **Having a positive impact on society through my work is important to me.**
仕事を通じて社会にプラスの影響を与えることは私にとって重要です。

❹ **The work-life balance and flexibility of my job are very important.**
ワークライフバランスと仕事を柔軟にこなすことはとても重要です。

❺ **Being able to work on diverse projects keeps my job interesting and fulfilling.**　多様なプロジェクトに携われることが、私の仕事を面白く、充実したものにしてくれます。

What is your future career plan?

 例文を見てみよう！ 070

Recently, I've started thinking about changing jobs because I don't feel like I'm growing much in my **current** role. My job is in **real estate**, and it's been interesting, but I'm looking for more **opportunities** to learn and develop new skills.

For me, climbing the **career ladder** to a management position isn't that important. I prefer staying hands-on in my work. Also, I've been dealing more with international clients, so I want to improve my English. I'm not just looking for a new job; I'm looking for a place where I can be a **lifelong learner**.

Right now, I can write emails in English, but speaking is harder. I once told a joke in English at a meeting, but no one understood because of my **pronunciation**. It showed me how important speaking well is, especially if I want to work in another country soon.

語句・表現

- current
  現在の
- real estate
  不動産
- opportunity
  機会
- career ladder
  キャリアアップ、昇進の段階
- lifelong learner
  生涯学習者
- pronunciation
  発音

 例文の訳

今の役割ではあまり成長を感じられないため、最近、転職を考え始めました。私の仕事は不動産業界で、興味深い業種ですが、もっと新しいスキルを学び成長できる機会を探しています。

私にとって、管理職へのキャリアアップはそれほど重要ではありません。現場に携わり続けたいのです。それに海外のクライアントとの取引が増えているので、英語力をアップしたいと思っています。新しい仕事を探しているだけでなく、生涯にわたり学習者でいられる場所を探しているのです。

現在、私は英語でメールを書くことができますが、話すのは難しいです。一度、会議で英語でジョークを言いましたが、発音のせいで誰も理解してくれませんでした。上手に話すことの重要性を教えてくれる経験でした。特に将来別の国で働きたいならまさにそうでしょう。

4

仕事とキャリア

 ヒントにしたい

応用表現

❶ I plan to advance to a leadership position in my current field.
私は現在の分野で指導的立場に昇進するつもりです。

❷ I aim to become more specialized in my field.
自分の分野でより専門的になることを目指しています。

❸ I'm working towards a career shift to follow my passion for art.
私は芸術への情熱を追求するためにキャリア転換を図っています。

❹ My future career plan includes gaining international work experience.
将来のキャリアプランには国際的な職務経験を積むことも含まれています。

❺ I'm exploring further education to broaden my skills and opportunities. 自分のスキルの幅やチャンスを広げるため、さらなる教育機会を模索しています。

71

仕事での一番の成功体験は？

What is your greatest success experience at work?

 例文を見てみよう！　 071

My greatest success at work was **completing** a challenging project last year. It required **meticulous** planning and long hours of hard work. It was tough but very **rewarding**, especially seeing our clients' **satisfaction**.

Teamwork played a crucial role in this project. Working with people from different departments, we combined our diverse skills and ideas. Despite **occasional** disagreements, we learned the importance of listening and collaborating.

During our final presentation, I was surprised to see that the CEO of our client company had fallen asleep! Initially, I was shocked, but at the end of the presentation, he woke up and **complimented** our project. His words were **reassuring**. It was also quite amusing.

語句・表現

- complete
  完了させる

- meticulous
  細かい、几帳面な

- rewarding
  やりがいのある

- satisfaction
  満足

- occasional
  時折の

- compliment
  褒める

- reassuring
  元気づける、安心させる

 例文の訳

　私の仕事での最大の成功は、昨年難しいプロジェクトを完了させたことです。そのプロジェクトでは細かい計画と長時間の激務が求められました。この経験は大変でしたが、特にお客様が満足するのを見られたので非常に報われました。

　このプロジェクトではチームワークが大事な役割を果たしました。異なる部門の人々と協力し、多様なスキルとアイデアを組み合わせました。時折意見の相違があったものの、聞くことと協力することの重要性を学びました。

　最終プレゼンの最中の驚きの瞬間は、クライアント企業の CEO が眠っているのに気づいたときでした！　初めはショックを受けましたが、プレゼンの最後に彼が目を覚まし、私たちのプロジェクトを褒めてくれたのです。彼の言葉は自信を与えてくれました。なかなか面白い展開でした。

4

仕事とキャリア

 ヒントにしたい

応用表現

❶ My greatest success was receiving an award for outstanding performance.
私の最大の成功は、優れた業績をあげて表彰されたことです。

❷ I successfully negotiated a major deal.
大きな取引の交渉に成功したことです。

❸ Implementing a new system that improved efficiency was my biggest success.
効率性を改善する新しいシステムを導入したことが最大の成功でした。

❹ Being promoted for my hard work and dedication was a proud moment.
懸命な努力と献身が認められて昇進したことは、誇らしい瞬間でした。

❺ Solving a complex problem that benefited the company was my greatest success.　複雑な問題を解決し、会社に利益をもたらしたことが私にとって最大の成功でした。

72

仕事のストレス解消法は？

How do you relieve work stress?

 例文を見てみよう！　 072

I have a few **strategies** for managing stress at work. First, I **make sure to** take short breaks throughout the day. Even a five-minute walk or stepping outside for fresh air helps. It breaks the **tension** and refreshes my mind. I also try to **stay organized**, which **reduces** the feeling of being overwhelmed.

Another thing I do is practice mindfulness and deep breathing. When things get too **hectic**, I take a moment to focus on my breathing. It calms me down and helps me think more clearly.

I also find humor a great **stress reliever**. Once, during a particularly stressful week, I accidentally wore sandals to work. It was a little embarrassing, but it made us all laugh. Sometimes, a good laugh is the best medicine for stress.

語句・表現

· strategy
戦略

· make sure to...
必ず〜する

· tension
緊張

· stay organized
整理整頓を保つ

· reduce
〜を減らす

· hectic
多忙な

· stress reliever
ストレス解消法

 ヒントにしたい

応用表現

 例文の訳

仕事でのストレスを管理するために、いくつかの戦略を持っています。まず、1日を通じて何回か短い休憩を取るようにしています。5分歩き回り、新鮮な空気を吸いに外に出るだけでも助けになります。緊張を解きほぐし、私の心をリフレッシュさせます。また、整理整頓を心がけることで、仕事に圧倒される感覚を減らすようにしています。

もうひとつ私が行っていることは、マインドフルネス（一種の瞑想法）と深呼吸をやってみることです。あまりにも忙しいときは、呼吸に集中する時間を持ちます。そうすると落ち着くことができ、よりクリアに考えられるようになります。

また、ユーモアは素晴らしいストレス解消法だと思います。特にストレスの多い週に、うっかりサンダルを履いて出社してしまったことがあります。少し恥ずかしかったですが、会社のみなを笑わせました。時には、良い笑いがストレスに対する最高の薬となります。

4

仕事とキャリア

① Practicing yoga and meditation helps me relax and reduce work stress.
ヨガと瞑想は、リラックスして仕事のストレスを軽減するのに役立ちます。

② I find reading a good book or listening to music very calming.
良い本を読んだり、音楽を聴くと、とても落ち着きます。

③ Spending time with family and friends is how I unwind.
家族や友人と過ごす時間は、私の心を解きほぐしてくれます。

④ Exercise, especially going to the gym, is my stress relief method.
運動、特にジム通いは私のストレス解消法です。

⑤ Gardening and being in nature help me relax and de-stress.　ガーデニングをしたり自然の中に身を置くことは、リラックスするのとストレス解消に役立っています。

73 仕事で失敗した経験とそこから学んだ教訓は？

Tell me about a time you experienced failure at work, and what you learned from it.

 例文を見てみよう！　 073

One of my most memorable **failures** at work involved missing an important deadline. This project was **crucial**, and I was responsible for a key part of it. However, I **underestimated** the time needed and **got behind schedule**. Missing my deadline caused **delays** for the whole team, which was a big lesson for me.

The main lesson I learned was the importance of time management and communication. If I had communicated my **struggles** earlier, we could have adjusted the plan or gotten extra help.

I also learned that it's not just about working hard on my own, but about getting help from others. Before, I had a bit of pride and felt that asking for help was like showing weakness. But now, I've become more comfortable with it. There are many people with different talents in the company, so it makes sense to make moves that **utilize** these talents.

語句・表現

- failure
  失敗

- crucial
  重要な

- underestimate
  〜を過小評価する

- get behind schedule
  予定に遅れが出る

- delay
  遅れ、遅延

- struggle
  苦労、苦闘

- utilize
  〜を活用する

 ヒントにしたい

応用表現

例文の訳

　仕事で最も記憶に残る失敗のひとつは、重要な締め切りを守れなかったことです。このプロジェクトは非常に重要で、私はその大事な部分の責任者でした。しかし、必要な時間を少なく見積もり、スケジュールに遅れが出ました。私が締め切りに遅れたことでチーム全体に遅延が生じたのですが、私には大きな教訓となりました。

　私が学んだ主な教訓は、時間管理とコミュニケーションの重要性です。もしもっと早く私の苦労を伝えていれば、計画を調整したり、追加の助けを得ることができたかもしれません。

　また、自分だけで一生懸命に働くのではなく、他の人から助けを得ることが大切だと学びました。以前は少しプライドがあり、助けを求めることは弱さを見せるようなものだと感じていたのです。しかし今では気持ちよく助けを求められるようになっています。会社には様々な才能を持つ人々が多くいるのでその才能を活用することは理にかなっています。

4
仕事とキャリア

① **A failed presentation showed me the value of preparation and practice.**
プレゼンテーションの失敗は、準備と練習の大切さを教えてくれました。

② **Not achieving a sales target taught me resilience and to strategize better.** 売上目標を達成できなかったことで私は回復力と戦略を立てることの大切さを学びました。

③ **I learned from a team conflict the importance of empathy and listening.**
チームの対立から、共感し、耳を傾けることの大切さを学びました。

④ **A mistake with a client taught me to double-check and verify information.** クライアントとの間で生じたミスから、情報をダブルチェックし、確認することを学びました。

⑤ **An unsuccessful product launch taught me about market research and customer feedback.** 製品売り出しの失敗から市場調査と顧客からのフィードバック（の大事さ）を学びました。

What has been your best moment at work?

 例文を見てみよう！ 074

The best moment at work for me was when our team completed a tough project. It was a challenging task with lots of **obstacles**, but we worked together really well. Everyone did their part and **contributed** their best **effort**.

I've noticed that the sense of **achievement** and **fulfillment** I get from team success is much greater than that from individual victories. Working together, solving problems, and sharing the **workload** makes the success feel more significant. It's not just about the end result, but also about the journey we share as a team.

Celebrating the success together was the best part. It felt like an exciting festival. We had a small party at the office, and everyone was in high spirits. At the party, we **reflected on** the different challenges we faced.

語句・表現

- obstacle
  障害

- contribute
  貢献する

- effort
  努力

- achievement
  達成感

- fulfillment
  満足感

- workload
  仕事量

- reflect on...
  ～を反省する、顧みる

ヒントにしたい

応用表現

例文の訳

　私にとって仕事で最高だった瞬間は、私たちのチームが難しいプロジェクトを成功させたときです。多くの障害がある困難な任務でしたが、私たちは本当にうまく協力し合いました。全員がそれぞれの役割を果たし、最善を尽くしました。

　チームとしての成功から得られる達成感と満足感は、個人の勝利から得られるものよりもずっと大きいことに気づきました。一緒に問題を解決し、共に作業することで成功がより重要なもののように感じられます。結果だけでなく、チームとして共に進んだ旅が上手くいったことでもあります。

　この成功を一緒に祝えたことが最高のパートでした。エキサイティングなお祭りのように感じられました。オフィスで小さなパーティーを開き、みなが高揚した気持ちでいました。パーティーではそれぞれが向き合った困難について振り返りました。

4

仕事とキャリア

❶ **Receiving positive feedback from a client was a highlight.** 　クライアントから好意的なフィードバックを受けられたことが、ハイライトでした。

❷ **Being recognized by my team for my contributions was very rewarding.**
自分の貢献がチームから認められたことで、満足できました。

❸ **Completing a difficult task ahead of schedule was a great moment.** 　困難な仕事を予定より早く完了させることができたことが最高の瞬間でした。

❹ **Seeing a project I worked on positively impact others was fulfilling.** 　自分が携わったプロジェクトが他の人々にプラスの影響を与えているのがわかり、達成感が得られました。

❺ **Collaborating on a successful team project was one of my best moments.** 　上手くいったチームプロジェクトで共同作業できたことは、私にとって最高の瞬間のひとつでした。

75

転職を考えたことはありますか?

Have you ever considered a career change?

 例文を見てみよう! 075

I've **considered** change, but I've never considered any significant shift. I'm fairly satisfied with my current job. But **in terms of** changing careers, I do wonder if there's a better place to use my **abilities**.

If there's a chance to fully utilize my **strengths** in a different role, I'd **be open to** moving or changing jobs. It's all about finding the right fit, somewhere I can grow and contribute more.

One of my strengths is thinking **logically** and explaining things to people. Some friends have even **suggested** that I would make a good consultant. It's funny because I never considered consulting before, but now it seems like a possibility.

語句・表現

· consider
~を考慮する

· in terms of...
~の点から、~に関して

· ability
能力

· strength
長所

· be open to...
~に前向きになる

· logically
論理的に

· suggest
~を提案する

応用表現

 例文の訳

　転職を考えたことはありますが、大きなキャリア転換を考えたことはありません。現在の仕事にはかなり満足しています。しかし、転職に関しては、自分の能力をより効果的に使える場所があるかもしれないとは思います。

　異なる役割で私の強みを完全に発揮する機会があれば、異動したり、仕事を変えることにも前向きになります。重要なのは、成長し、もっと貢献できる適切な場所を見つけることです。

　私の強みのひとつは論理的に考え、上手く人々に説明できることです。何人かの友人は、私が良いコンサルタントになるだろうと勧めてくれました。これまでコンサルティングをすることなど考えたこともなかったので面白いです。しかし今はそうなる可能性があるかもしれないと思います。

4

仕事とキャリア

❶ No, I'm happy in my current job and don't plan to change.
いえ、今の仕事に満足しているし、転職するつもりもありません。

❷ Occasionally, I consider becoming a writer, but I'm not sure yet.
時折、ライターになることも考えますが、まだわかりません。

❸ Yes, I've thought about starting my own business someday.
はい、いつか自分の会社を始めようと思っています。

❹ Sometimes I dream of becoming a chef because cooking is my passion.
料理が好きなので、時々シェフになることを夢見ることはあります。

❺ I often think about switching to a tech career for more opportunities.
より多くのチャンスを求めて、技術職に転職することもよく考えます。

76

仕事での一番の挑戦は何でしたか？

What was your biggest challenge at work?

 例文を見てみよう！ 076

The biggest challenge I faced at work was leading a project with an international team for the first time. Managing a **diverse** team brought unique challenges, especially **in terms of** cultural communication differences.

One of the main difficulties was the **language barrier**. Some team members didn't speak Japanese, so I had to communicate in English, which required a lot of effort. Despite my best attempts, several instances of **miscommunication** nearly impacted the project.

This experience made me want to seriously improve my English. I'm not just interested in getting a high score on a test for a promotion. I want to be able to use English **fluently** in work situations. It looks like I might be managing another international team next year, so I hope to **significantly** improve my English skills by then.

語句・表現

· diverse
多様な

· in terms of...
〜に関して、〜の点から

· language barrier
言語の壁

· miscommunication
誤解、伝達ミス

· fluently
流暢に

· significantly
大幅に

 例文の訳

　仕事で直面した最大の課題は、初めて多国籍のチームのプロジェクトを率いたことでした。多様なチームを管理することは、特に異文化間でのコミュニケーションの違いの点でユニークな挑戦となりました。

　主な困難のひとつは言語の壁でした。チームメンバーの中には日本語を話さない人もいたので、英語でコミュニケーションをとらなければならず、多くの努力が必要でした。最善を尽くしましたが、プロジェクトに影響を及ぼしかねないいくつかの行き違いがありました。

　この経験は、私に真剣に英語力をアップしたいという思いを抱かせました。昇進のための試験で高得点を取ることに興味があるだけではありません。仕事で滑らかに英語を使えるようになりたいのです。来年、再度多国籍チームを組織する可能性があるので、それまでに大幅に英語のスキルを向上させたいと思っています。

4

仕事とキャリア

 ヒントにしたい

応用表現

❶ Learning new technology quickly for a big project was challenging.　大きなプロジェクトのために新しい技術を素早く学ぶのは大変でした。

❷ Dealing with a difficult coworker tested my patience a lot.
気難しい同僚を相手にするのは忍耐が試されました。

❸ Adapting to remote work during the pandemic was quite hard.
パンデミックの間、リモートワークに適応するのは大変でした。

❹ Overcoming my fear of public speaking was a big hurdle.
人前で話すことの恐怖を克服するのは大きなハードルでした。

❺ Working on a project with a very small budget was tough.
少ない予算でプロジェクトを進めるのは大変でした。

77

仕事上の目標は何ですか？

What are your work-related goals?

 例文を見てみよう！ 077

My current work goal is to master my current role and eventually become someone who can train **juniors** and **subordinates**. I want to handle my job **with ease** and confidence. This will not only make me more efficient but will also allow me to support and guide others in their career paths.

Another important goal for me is personal growth through my work, especially improving skills like communication. I believe that being able to express myself clearly and understand others is key to professional success. **Enhancing** these skills will not only benefit my work but also more personal **interactions**.

Lastly, I aim to build rich **relationships** both inside and outside the company. It's not just about networking, but about forming **genuine** connections. I try to remember everyone's names when I join a new community.

- junior
  後輩

- subordinate
  部下

- with ease
  楽して、簡単に

- enhance
  〜を強化する

- interaction
  交流、人間関係

- relationship
  関係

- genuine
  本物の

応用表現

 例文の訳

　現在の仕事の目標は、自分の役割をこなせるようになり、最終的には後輩や部下を指導できる人物になることです。自分の仕事を容易く自信を持ってこなせるようになりたいです。そうなれば自分が効率良く仕事ができるだけでなく、他の社員のキャリアの過程で彼らをサポートしたり指導したりできます。

　私にとってもうひとつ重要な目標は、仕事を通じて特にコミュニケーションのようなスキルを向上させ、個人的にも成長することです。自身を明確に表現し、他人を理解する能力は仕事上の成功の鍵であると信じています。これらのスキルを向上させることは、私の仕事だけでなく個人的な人間関係においても恩恵をもたらすでしょう。

　最後に、社内外で豊かな関係を築くことを目指しています。ネットワーキングを築くだけでなく、真のつながりを形成することです。新しいコミュニティに入ったときには、みなの名前を覚えるようにしています。

4

仕事とキャリア

❶ Becoming an expert in my field is my main goal.
自分の分野のエキスパートになることが私の主要な目標です。

❷ I plan to increase sales and exceed my targets.
売上を伸ばし、目標を超えるつもりです。

❸ I'm working towards a better work-life balance and job satisfaction.　ワークライフバランスを改善し、働きがいを得られるよう取り組みたいと思っています。

❹ My objective is to complete all projects on time and efficiently.
私の目標は、すべてのプロジェクトを期限内に効率的に完了させることです。

❺ I aspire to learn new technologies to enhance my work.
自分の仕事を強化するために、新しい技術を学ぶことを熱望しています。

78

今の仕事で一番のやりがいは
何ですか？

What is the most rewarding part of your current job?

 例文を見てみよう！ 078

The most **rewarding** part of my current job is the variety of tasks and the challenges they bring. Each day is different, and I constantly have new things to learn.

Another aspect that I find rewarding is interacting with people. My job involves working closely with others, and it really tests my interpersonal skills. I felt **motivated** when some clients mentioned wanting to continue our business relationship specifically because I was the one handling the accounts. Hearing clients say, "If Sasaki-san **is in charge**, we'd like to continue doing business," was incredibly **encouraging**.

Lastly, I **appreciate** that my efforts can positively impact not only our company but also our clients' businesses. It's **empowering** to know that with the right approach and creativity, I can **contribute to** the success of both parties.

語句・表現

· rewarding
やりがいのある

· motivated
やる気のある

· be in charge
担当する

· encouraging
励みになる、元気づける

· appreciate
〜に感謝する

· empowering
力を与える

· contribute to...
〜に貢献する

私の現在の仕事で最もやりがいがある部分は、様々なタスクとそれがもたらす挑戦です。毎日変化し、常に新しいことを学んでいます。

もうひとつ、やりがいを感じる側面は人との交流です。私の仕事は他の人たちと密接に協力しなければならないので、本当に私の対人スキルが試されます。特にやる気が出るのは、複数のクライアントが私が彼らとの取引を担当しているので、私たちとのビジネス関係を続けたいと言ってくれたことです。クライアントから「佐々木さんが担当するなら取引を続けたい」と言われるのは非常に励みになります。

最後に、私の努力が自分の会社だけでなく、クライアントのビジネスにも良い影響を与えられていることに感謝しています。適切なアプローチと創造性で、両者の成功に貢献できると知ることは自信につながります。

4

仕事とキャリア

ヒントにしたい

応用表現

❶ **Seeing my clients happy with our work is the most rewarding.** クライアントが私たちの仕事に満足している姿を見ることが何よりのやりがいです。

❷ **I find teaching and inspiring others the most fulfilling part.**
他の人に教え、刺激を与えることが最も充実した部分だと思います。

❸ **The best part is solving complex problems successfully.**
複雑な問題をうまく解決できることが一番の喜びです。

❹ **Helping my team grow and succeed is very rewarding for me.** チームが成長し、成功するのを手助けすることは私にとって非常にやりがいのあることです。

❺ **I love making a positive impact in my community through my work.**
仕事を通じて地域社会に良い影響を与えていることがうれしいです。

79 仕事での成功の秘訣は何だと思いますか？

What do you think is the secret to success at work?

 例文を見てみよう！

The key to success at work, I believe, is to enjoy what you do. Success has different meanings for everyone. For some, it's about **increasing** a company's sales. However, I find more joy in **personal growth**, working well with my teammates, and making **customers** happy. These things make me feel successful.

A big part of enjoying work is learning from mistakes. Once, I sent an email with a funny typo. **Instead of** writing 'Kind regards,' I wrote 'Kind retards.' My colleagues laughed a lot, and so did I. It was **embarrassing**, but it taught me to double-check my emails.

In the end, success is not just about numbers or **achievements**. It's about growing, building strong **relationships** with colleagues, and bringing joy to customers. These are the things that make work meaningful and enjoyable.

例文の訳

　仕事で成功する鍵は、自分がしていることを楽しむことだと思います。成功にはみなにとってそれぞれ異なる意味があります。一部の人にとっては、会社の売上を増やすことです。しかし、私は個人的な成長やチームのメンバーと良好な関係を築くこと、顧客に幸せになってもらうことに喜びを見出しています。これらのことこそ私にとっての成功を感じさせます。

　仕事を楽しむことの大部分は、間違いから学ぶことです。一度、面白いタイプミスのあるメールを送信したことがあります。Kind regards（敬具）と書く代わりに、Kind retards（親切な遅延者）と書いてしまったのです。同僚は大笑いし、私も笑いました。恥ずかしかったですが、メールを二度確認することを教えてくれる経験でした。

　結局のところ、成功とは数字や成果だけの問題ではありません。成長し、同僚との強い関係を築き、顧客に喜びをもたらすことです。これらが仕事を有意義で、楽しいものにするのです。

4

仕事とキャリア

押さえたい
語句・表現

· increase
　〜を増やす

· personal growth
　個人的な成長

· customer
　顧客

· Instead of...
　〜の代わりに

· embarrassing
　恥ずかしい

· achievement
　成果、達成感

· relationship
　関係

ヒントにしたい
応用表現

❶ Staying positive and learning from failures leads to success.
前向きに取り組み、失敗から学ぶことが成功につながります。

❷ Good communication and teamwork make a big difference.
良好なコミュニケーションとチームワークは大きな違いを生みます。

❸ Being organized and setting clear goals is important.
整理整頓を心がけ、明確な目標を設定することが大切です。

❹ Continuously learning and improving skills is crucial.
継続的に学び、スキルを向上させることが重要です。

❺ Listening to feedback and being open to criticism is vital.
フィードバックに耳を傾け、批判を受け入れることが重要です。

仕事において、一番影響を受けた人は
誰ですか？

Who has had the most influence on you in
your work?

 例文を見てみよう！

   The person who has **influenced** my work
life the most is my first boss. He had a unique
leadership **method** and taught me valuable
lessons. He didn't just worry about the tasks
that needed to get done; he also cared about the
people who were working hard on the tasks.

   There was a time when I was sick and couldn't
focus on my work. He noticed my **struggle** and
talked to me about it. He told me it was okay to
take a break and put my health first.

   My boss also taught me the importance of
understanding who we work with, not just in
a work setting but as **individuals** with their
own lives. He believed in knowing the person
behind the work. This lesson helped me see that
when someone is **going through** a tough time,
like family **issues**, it's important to be kind and
supportive. His way of thinking changed how I
view work and the people I work with.

語句・表現

- influence
  〜に影響を与える

- method
  方法

- struggle
  苦労、苦闘

- take a break
  休憩する

- individual
  個人

- go through...
  〜を経験する

- issue
  問題

ヒントにしたい

応用表現

例文の訳

　私の仕事上の人生で最も私に影響を与えた人物は、最初の上司でした。彼には独特なリーダーシップのスタイルがあり、私に貴重な教えを授けてくれました。彼は仕事に取り組む際、タスクをこなすことだけでなく、そのタスクに取り組む人々のことも気にかけていました。

　私が病気で仕事に集中できなかった時期がありました。上司は私が苦労しているのに気づき、話をしてくれました。休憩を取り、健康を優先して良いと私に伝えました。

　またその上司は私に一緒に働く人を理解することが大事だと教えてくれました。仕事の場面だけでなく、それぞれの人生を生きる個人として理解することです。彼は仕事の背後にいる人を知ることが大事だと信じていました。この教えにより誰かが家族の問題などで困難な時期のとき親切にサポートすることが重要であると私に気づかせてくれました。彼の考え方は私の仕事の見方、それから一緒に働く人々への評価を変えました。

4

仕事とキャリア

① **A senior colleague's guidance has been crucial in my career growth.**
先輩の指導は、私のキャリアアップに欠かせないものでした。

② **My mentor's advice and support have shaped my professional path.**
恩師の助言と支援は、私の職業人としての道を形作ってきました。

③ **My parents' work ethic and determination have deeply influenced me.**
両親の仕事における倫理観と決断力は、私に深い影響を与えました。

④ **An industry leader's book changed my perspective on work.**
業界リーダーの著書は、私の仕事観を変えました。

⑤ **The positive attitude of a coworker has greatly influenced me.**
同僚の前向きな姿勢が私に大きな影響を与えました。

81 | 日本のポップカルチャーと伝統文化では どちらが興味ありますか?

Are you more interested in Japanese pop culture or traditional culture?

 例文を見てみよう!

I **used to** be more interested in Japanese pop culture. I loved going to the concerts of my favorite singers and watching popular anime movies. It was fun and exciting to be part of the modern trends.

But in the past few years, my interest has **shifted to** traditional Japanese culture. This change happened when my friends and colleagues **recommended** experiencing rakugo and kabuki. At first, I was **hesitant** because it seemed so different from what I was used to.

I remember my first time watching a rakugo performance. I didn't understand much, and it was a bit **awkward**. But I began to appreciate the art and history behind it. Kabuki, with its unique makeup and costumes, was also **fascinating**. Now, I find myself equally interested in both pop culture and traditional culture.

語句・表現

· used to...
かつて〜であった

· shift to...
〜に移行する

· recommend
推薦する

· hesitant
躊躇している

· awkward
気まずい

· fascinating
魅力的な

ヒントにしたい

応用表現

 例文の訳

　私はかつて日本のポップカルチャーにより興味がありました。好きな歌手のコンサートに行ったり、人気のアニメ映画を観たりするのが好きでした。現代のトレンドについていくことは楽しく、わくわくしました。

　しかし、ここ数年で、私の興味は伝統的な日本文化に移ってきました。この変化は友人や同僚が落語や歌舞伎を体験するよう勧めてくれたときに生じました。私がなじんでいたものとはとても違うように思えたので、最初はためらいました。

　初めて落語の高座を見たときのことを覚えています。あまり理解できず、少し気まずかったです。しかし、通ううちにその背後にある技能や歴史を評価するようになりました。ユニークなメイクと衣装に彩られた歌舞伎にも惹きつけられました。今では、ポップカルチャーと伝統文化の両方に、同じくらい興味を持っています。

5

自分の考えや価値観

❶ **I'm fascinated by traditional Japanese culture, especially the tea ceremony.**
日本の伝統文化、特に茶道に魅了されています。

❷ **I enjoy a balance between Japan's modern and traditional aspects.**
日本の現代的な部分と伝統的な部分のバランスを楽しんでいます。

❸ **I'm drawn to Japan's pop culture, especially the music scene.**
日本のポップカルチャー、特に音楽シーンに惹かれます。

❹ **Japanese traditional festivals and ceremonies captivate me the most.**
日本の伝統的な祭りや儀式に最も魅了されます。

❺ **Both, but I lean more towards the pop culture side.**
両方好きですが、ポップカルチャーの方に傾倒しています。

Do you think the Japanese education system is superior?

 例文を見てみよう！

Japan's education system has some excellent **features**, but it also faces challenges. One great thing about Japan is its high **literacy rate**. Most people in Japan can read and write very well.

However, the system focuses heavily on academic performance. Students are often judged mainly on their test scores. This means less attention is given to developing **critical thinking** and **creativity**. As a result, students get fewer chances to express their ideas or **think outside the box**.

As AI technology **advances**, what children need to learn will change. The education system must become more **flexible**. Schools and teachers should be able to decide what they teach and how they assess students. This way, students can learn skills that will be important in the future, like how to work with AI and think creatively.

語句・表現

· feature
特徴

· literacy rate
識字率

· critical thinking
批判的思考

· creativity
創造性

· think outside the box
枠に捉われずに考える

· advance
進歩する

· flexible
柔軟な

ヒントにしたい

応用表現

例文の訳

　日本の教育制度には優れた特徴がありますが、直面している課題もあります。最も良い部分のひとつは、識字率が高いことです。日本のほとんどの人々は読み書きが非常によくできます。

　しかし、日本の教育制度は学業成績に重点を置いています。生徒はしばしばテストの点数で評価されます。これは批判的思考や創造性を育むことにはあまり注意が向けられないことを意味しています。その結果、生徒は自分の考えを表明したり、既成概念に捉われずに考える機会が十分に得られないのです。

　AI 技術の進歩に伴い、子供たちが学ぶべきことは変わっていきます。教育制度ももっと柔軟になる必要があります。学校や教師は、教える内容と生徒の評価方法を決められるようになるといいでしょう。そうすることで、生徒は将来重要になるスキル、例えば AI とどのように関わるかや創造的に考える方法を学ぶことができます。

5

自分の考えや価値観

❶ **I think it excels in discipline and group work, but lacks in creativity.**
規律やグループワークに優れていますが、創造性に欠けていると思います。

❷ **It's superior in some ways, like respect and organization.**
(他者の)尊重や組織といった面では優れている部分もあります。

❸ **I'm not sure, as every education system has its strengths and weaknesses.**
どの教育システムにも長所と短所があるので、よくわかりません。

❹ **It's good for foundational education, but needs more focus on individual thinking.** 基礎的な教育には適していますが、個人の思考にもっと焦点を当てる必要があります。

❺ **It's hard to say, as it depends on what you value in education.**
教育において何を重視するかによるので何とも言えません。

83 日本のアニメや漫画について、どう思いますか？

What do you think about Japanese anime and manga?

 例文を見てみよう！ 083

I think Japanese anime and manga are very interesting. It's wonderful to see how popular both are around the world.

Some of my favorite anime movies are from **Studio Ghibli**, like "Castle in the Sky" and "Spirited Away". I have watched those movies many times, both in theaters and on DVD. They never get old. The stories are magical, and the animation is beautiful. It's **amazing** how these movies can be enjoyed by both children and adults.

The fact that Japan can create anime and manga that **appeal to** all ages is **impressive**. It shows the **talent** and creativity of Japanese artists. I believe that anime and manga are a valuable part of Japan's culture. They bring joy to people all over the world and are a unique art form that Japan can **be proud of**.

語句・表現

- Studio Ghibli
  スタジオジブリ

- amazing
  驚くべき、素晴らしい

- appeal to...
  〜に訴える

- impressive
  印象的な

- talent
  才能

- be proud of...
  〜を誇りに思う

応用表現

　日本のアニメと漫画はとても面白いと思います。その両方が世界中で人気があるのを見るのは素晴らしいことです。

　私のお気に入りのアニメのいくつかはスタジオジブリの作品です。例えば、『天空の城ラピュタ』や『千と千尋の神隠し』などです。これらの映画を、劇場やDVDで何度も観ています。古びることがありません。物語は摩訶不思議で、アニメーションは美しいです。これらの映画が子供にも大人にも楽しまれているのは驚くべきことです。

　あらゆる年齢層に訴えかけるアニメと漫画を日本が創造できていることには感動を覚えます。日本のアーティストたちの才能と創造性を示しています。私は、アニメと漫画こそが日本文化の貴重な面であると思っています。世界中の人々に喜びを届けており、日本が誇りに思うべきユニークな芸術形式です。

5

自分の考えや価値観

❶ **I love the creativity and unique storytelling in Japanese anime and manga.**　私は日本のアニメや漫画の創造性とユニークなストーリーテリングが大好きです。

❷ **Anime and manga are okay, but I prefer other types of entertainment.**　アニメや漫画もいいけれど、私は他のエンターテインメントの方が好きです。

❸ **I'm amazed by the detailed artwork and diverse genres.**
細かいアートワークや多様なジャンルの作品があることに驚かされます。

❹ **I enjoy the fantasy worlds and characters they create.**
それらが作り出すファンタジーの世界やキャラクターを楽しんでいます。

❺ **They're not just for kids; there's a lot to learn from them.**
アニメも漫画も子供だけのものではありません。両方から学ぶべきことは多いです。

日本食でお勧めの料理は何ですか？

What Japanese dish would you recommend?

 例文を見てみよう！　　　 084

I highly **recommend** trying sushi and sashimi if you want to experience **Japanese cuisine**. These dishes are not only delicious but also show the skill of Japanese chefs. They use fresh fish and prepare it in a way that **brings out** its natural flavors.

I would also like to recommend **fermented soybeans**. It's a unique Japanese food that many people from other countries find challenging to enjoy. Natto has a strong smell and **sticky texture**, but it's very healthy. I think everyone should try it at least once.

I have a fond memory of trying to make sushi at home. It was more challenging than I expected. Achieving the right balance of rice vinegar in the sushi rice and rolling it perfectly was **tricky**. My first few attempts ended in a **mess**, but it was a fun learning process.

語句・表現

· recommend
　〜を推薦する

· Japanese cuisine
　日本料理

· bring out...
　〜を持ち出す、引き出す

· fermented soybean
　納豆（発酵した大豆）

· sticky texture
　ネバネバした食感

· tricky
　際どい、厳しい

· mess
　混乱

 例文の訳

　日本料理を体験したいなら、寿司や刺身を食べてみることを強くお勧めします。これらの料理はおいしいだけでなく、日本の料理人たちの腕を立ててくれます。新鮮な魚を使い、自然な風味を引き出す方法で調理します。

　納豆もお勧めしたいです。納豆は、他国の人々が楽しむのは難しいと感じるユニークな日本食です。納豆は強い匂いとネバネバした食感がありますが、非常に健康的です。私は誰もが少なくとも一度は食べてみるべきだと思います。

　自宅で寿司を作ったときの懐かしい思い出があります。寿司作りは予想以上に難しかったです。寿司飯に適切な量の米酢を加えるバランスや、しっかりと巻くのが難しかったです。最初に数回試して散らかってしまいましたが、それは楽しい学びとなる体験でした。

ヒントにしたい

応用表現

❶ Ramen is a must-try, especially the rich, flavorful broth.
特に濃厚で風味豊かなスープのラーメンは必ず試してほしいです。

❷ Okonomiyaki, a savory pancake, is my top recommendation.
お好み焼き、つまり一種のおいしいパンケーキは私の一番のお勧めです。

❸ Don't miss out on tempura, it's crunchy and delightful.
天ぷらもお見逃しなく。サクサクして楽しい料理です。

❹ Udon noodles are comforting and perfect for all weather.
うどんはほっとする食べ物で、どんな天候にもぴったりです。

❺ Yakitori, grilled chicken skewers, are simple yet incredibly tasty.
焼き鳥、つまり焼いた鳥の串はシンプルですが、驚くほどおいしいです。

5

自分の考えや価値観

85 日本の祭りや行事で、どれが一番興味深いと思いますか？

Which Japanese festival or event do you find most interesting?

 例文を見てみよう！ 085

In Japan, the way people celebrate New Year's Eve and New Year's Day is **particularly** interesting. On New Year's Eve, known as Omisoka, many people listen to Joya-no-Kane, the ringing of temple bells. This is a **Buddhist** practice where the bells are rung 108 times to **symbolize** the removal of 108 **earthly desires**.

On New Year's Day it's common for people to visit a shrine for Hatsumode, the first shrine visit of the year. This Shinto tradition involves praying for good luck in the coming year. It's **fascinating** how Buddhism and Shintoism, two different **religions**, blend seamlessly in Japanese culture, especially during this time of the year.

Interestingly, Christmas is also celebrated widely in Japan, even though most Japanese are not Christians. It's more of a cultural event than a **religious** one, often marked by lights, decorations, and special meals.

- ·particularly
  特に

- ·Buddhist
  仏教徒

- ·symbolize
  〜を象徴する

- ·earthly desires
  煩悩、俗界の欲望

- ·fascinating
  魅力的な

- ·religion
  宗教

- ·religious
  宗教的な

 例文の訳

日本での大晦日と元日の祝い方は特に面白いです。大晦日として知られる日、多くの人々は除夜の鐘という寺の鐘を聞きます。これは 108 の煩悩を取り除く象徴として鐘を 108 回鳴らす仏教徒の習慣です。

元日には初詣で、その年で初めて神社を訪れるのが一般的です。この神道の伝統では、新年の幸運を祈ります。この時期に、仏教と神道という二つの異なる宗教が日本文化の中でシームレスに混合しているのは魅力的です。

クリスマスも日本で広く祝われていますが、興味深いことに多くの日本人はクリスチャンではありません。宗教的というより文化的なイベントであり、ライトアップ、装飾、特別な食事が日本のクリスマスの特徴です。

ヒントにしたい
応用表現

5
自分の考えや価値観

❶ **Tanabata, the Star Festival, is romantic and full of interesting traditions.**
七夕、つまり星祭りはロマンチックで、興味深い伝説に満ちています。

❷ **The Sapporo Snow Festival is amazing with its giant ice sculptures.**
さっぽろ雪まつりは巨大な氷の彫刻が素晴らしいです。

❸ **The Kanda Matsuri, with its grand parade, is a spectacular sight.**
盛大なパレードが行われる神田祭りは壮観です。

❹ **The fireworks displays at the Sumidagawa Fireworks Festival are breathtaking.**
隅田川花火大会で披露される花火は息をのむ美しさです。

❺ **I'm intrigued by Awa Odori, a lively traditional dance.**
躍動感あふれる伝統的な踊りである阿波踊りに、興味をそそられます。

人生最大の転換点はどんなことですか？

What was the biggest turning point in your life?

 例文を見てみよう！ 086

A few years ago, a **significant** turning point in my life occurred when one of my friends, who was the same age as me, fell seriously ill. This made me deeply **reflect on** my own life. It was a **stark** reminder of how fragile and **unpredictable** life can be. I realized that our time is limited and that I need to make the most of it.

I decided that life was too short to spend it doing something I wasn't **passionate** about. So, I changed my career to something I truly loved. It was a tough decision, but it was driven by a desire to live a life without regrets.

Moreover, witnessing my friend's health struggle made me realize the importance of taking care of my own health. I **overhauled** my diet and **incorporated** regular exercise into my routine. These changes have significantly improved my physical health and mental well-being.

語句・表現

- significant
  重要な

- reflect on...
  〜を反省する

- stark
  際立った

- unpredictable
  予測不可能な

- passionate
  情熱的な

- overhaul
  徹底的に見直す

- incorporate
  〜を組み込む

(ヒントにしたい)

応用表現

 例文の訳

　数年前、私と同じ年齢の友人が重病になったとき、私の人生で重要な転機が訪れました。この出来事は自分の人生を深く省みる機会となりました。人生がいかに儚く予測不可能であるかをはっきりと認識しました。私たちの時間は限られているので、時間を最大限に活用する必要があることに気づいたのです。

　情熱を傾けられないことをするには、人生は短すぎると判断しました。そのため、私は本当にやりたいことを新しいキャリアとしました。その決断は容易ではありませんでしたが、後悔のない人生を生きたいという願いに動かされました。

　さらに、友人の健康問題に直面したことで、自分自身の健康を大切にすることの大事さを認識させられました。私は食生活を見直し、定期的な運動を日常生活に取り入れました。これらの取り組みは私の身体的な健康と精神面での幸福度合いを大幅に改善させました。

5

自分の考えや価値観

❶ **The birth of my child was the most significant turning point.**
子供の誕生が最も大きな転機でした。

❷ **Losing my job led me to my true passion.**
仕事を失ったことで、私は真の情熱に目覚めました。

❸ **Overcoming a serious illness made me appreciate life more.**
大病を克服したことで、人生への感謝が深まりました。

❹ **Meeting my mentor opened up new career opportunities for me.**
恩師との出会いは、私に新たなキャリアの機会を与えてくれました。

❺ **A chance trip abroad sparked my interest in different cultures.**
偶然の海外旅行が、私の異文化への興味に火をつけました。

87 今までの人生で一番感動した出来事は何？

What has been the most touching event in your life so far?

 例文を見てみよう！ 087

The most moving moment in my life **occurred** during the birth of my niece. I was there in the hospital with my sister, supporting her through the long hours of labor. When my niece was finally born, the room filled with an **overwhelming** sense of joy and relief.

Holding my niece for the first time is a memory I **cherish** deeply. She was so small, with tiny fingers and a soft, gentle breath. **Witnessing** her birth was a powerful reminder of the miracle of life. It **altered** my perspective of the world, making me appreciate the delicacy and beauty of life's beginnings.

A few weeks later, I had my first babysitting experience with her. Attempting to change her **diaper** turned out to be a comical scene. I **fumbled with** the diaper and baby powder, creating a mess. She is now six years old and has become quite a mature young girl.

語句・表現

- **occurr**
  起こる、発生する

- **overwhelm**
  圧倒する

- **cherish**
  大切にする

- **witness**
  〜を目撃する

- **alter**
  〜を変更する

- **diaper**
  おむつ

- **fumble with...**
  〜をいじり回す

例文の訳

　人生で最も感動的な瞬間は、姪の誕生の際に起こりました。私は病院で姉と一緒にいて、長時間にわたる陣痛の間、姉を支えました。姪がついに生まれたとき、部屋は圧倒的な喜びと安堵感で満たされました。

　初めて姪を抱いたときのことは、私が大切にしている思い出です。彼女はとても小さく、小さな指を持ち柔らかく優しい息遣いをしていました。彼女の誕生を目にすることで、命の奇跡を強く思い起こしました。その経験は私の世界に対する見方を変え、人生の始まりの繊細さと美しさをより大切にするようになりました。

　数週間後、初めてその姪の世話をする体験をしました。姪のおむつを変えようとしたら、笑える展開になってしまいました。おむつとベビーパウダーを扱うのに手間取り、ぶちまけてしまったのです。彼女は今では6歳になり、少しませた女の子になっています。

ヒントにしたい

応用表現

❶ The day I married my partner was the most touching moment.
パートナーと結婚した日は、最も感動的な瞬間でした。

❷ My friends threw me a surprise party, which moved me to tears.
友人たちがサプライズパーティーを開いてくれ、涙が出るほど感動しました。

❸ Receiving a heartfelt letter from my daughter was extremely touching.
娘から心のこもった手紙をもらったときは感動的でした。

❹ Graduating after facing many challenges was a touching milestone for me.
多くの困難に直面した末の卒業は、私にとって感動的な節目となりました。

❺ Adopting my pet and watching it grow up has been heartwarming.
ペットを飼い始め、その成長を見守るのは心温まる出来事でした。

5

自分の考えや価値観

88

今まで出会った人の中で一番ユニーク
だと思う人は誰ですか？

Who is the most unique person you have
ever met?

 例文を見てみよう！

The most unique person is an American English teacher I met at a language school. He wasn't just a teacher; he was more like a storyteller, bringing every conversation to life with his **vivid descriptions** and **enthusiastic** gestures.

He had a passion for travel and exploring different cultures. He shared **fascinating** stories from his travels, which made his classes more than just language lessons. His stories **ranged from** funny **to** inspiring, and they always left us wanting to hear more.

He's **no longer** in Japan but continues to travel around the world. I remember him saying, "Every place has a story, and every person I meet adds to my life's story." His unique perspective and **adventurous** spirit were **contagious**. He inspired me to explore and experience more of what life has to offer.

語句・表現

- vivid description
  生き生きとした描写

- enthusiastic
  熱狂的な

- fascinating
  魅力的な

- range from... to...
  〜から〜に及ぶ

- no longer...
  もはや〜ない

- adventurous
  冒険好きな

- contagious
  伝染性の

 例文の訳

　最もユニークな人は、ある語学学校で出会ったアメリカ人の英語教師です。彼はただの教師ではなく、生き生きとした描写と熱心なジェスチャーで、どんな会話も面白くさせるストーリーテラー（語り部）のような人でした。

　彼は、旅行と異文化探求に情熱を持っていました。彼は旅行からの魅力的な話を披露し、彼のクラスを単なる語学レッスンとは言えないくらい楽しいものにしていました。彼の話は面白いものから感動的なものまで様々な内容で、いつも私たちにもっと聞きたいと思わせました。

　彼はもう日本におらず、世界中を旅し続けています。彼が「どの場所にもストーリーがあり、出会う人々が私の人生のストーリーに加わってくれる」と語っていたのを覚えています。彼のユニークな視点と冒険心は伝染力がありました。彼は私に、人生で味わえるものをもっと探求し経験したいと思わせてくれました。

ヒントにしたい

応用表現

❶ My high school teacher's passion for teaching was unlike anyone else.
高校の恩師の教育への情熱は、他の誰とも違っていました。

❷ My friend who speaks six languages fluently is incredibly unique.
6カ国語を流暢に話す友人は信じられないほどユニークです。

❸ A colleague with an amazing memory for details stands out.
詳細に及ぶ素晴らしい記憶力を持つ同僚は際立っています。

❹ A local chef who invented unusual dishes was the most unique.
珍しい料理を考案した地元のシェフは最高にユニークでした。

❺ A musician who plays multiple rare instruments stands out.
複数の珍しい楽器を演奏するミュージシャンは際立つ存在です。

5

自分の考えや価値観

89

今までの人生で最も影響を受けた人は
誰ですか？

Who has been the most influential person
in your life so far?

 例文を見てみよう！

The most **influential** person in my life has been
my father. He was a gentle and **quiet** man, but his
actions and words had a deep impact on me.

When I was in my mid-30s, I decided to leave
my job and return to university. It was a risky and
unconventional decision, but my father strongly
supported me. Despite having had a different
career path, which was stable and **uninterrupted**
until his retirement at age 60, he understood the
importance of **adapting to** societal changes.

My father always trusted me to make my own
choices. He never **imposed** his views but offered
guidance when I needed it. His support during
that critical turning point in my life showed his
deep trust and belief in me. It's because of his
example and **encouragement** that I dared to
pursue a path that was right for me, even if it was
different from the norm.

語句・表現

· **influential**
影響力のある

· **quiet**
静かな

· **unconventional**
型破りな、慣習を破る

· **uninterrupted**
中断することなく

· **adapt to...**
～に適応する

· **impose**
強制する

· **encouragement**
励まし

ヒントにしたい

応用表現

例文の訳

　私の人生で最も影響力のある人物は父です。彼は穏やかで静かな人でしたが、彼の行動と言葉は私に深い影響を与えました。

　30代半ばのとき、私は仕事を辞めて大学に戻る決断をしました。それはリスキーで型破りな決定でしたが、父は強く支持してくれました。父は私とは異なるキャリアを持ち、中断することなく60歳で退職するまで安定したキャリアを歩んでいましたが、社会の変化に適応することの重要性を理解していました。

　父はいつも私が自分で選択することを信頼してくれました。自分の見解を押し付けることなく、必要なときに導きを与えてくれました。人生の重要な転換点での彼の支えは、私に対する彼の深い信頼と信念を示していました。父の手本と励ましのおかげで、私は自分にとって正しい道を追求する勇気を持つことができました。それがたとえ一般的なものとは異なる道であってもです。

5

自分の考えや価値観

① **A teacher in school who always believed in me changed my life.** いつも私を信じてくれた学校の先生が、私の人生を変えました。

② **My best friend, who has always been there with support and advice, has shaped me.** いつもそばで支え、アドバイスしてくれた親友が私という人を形作ってくれました。

③ **A boss who mentored me professionally has been my greatest influence.** 職業について指導してくれた上司は、私に最も大きな影響を与えてくれました。

④ **My grandfather's stories and life lessons have deeply impacted me.**
祖父の話や人生訓は私に深い影響を与えました。

⑤ **An author whose books I read as a child inspired my path.** 子供の頃に読んだ本の著者が私の進む道にインスピレーションを与えてくれました。

What has been the hardest thing in your life?

 例文を見てみよう！

　The most challenging time in my life was during my university years when my grandmother became ill. My mother had to go to Kyushu for several months to **take care of** her. During this time, I **was responsible for** all the **household chores**.

　I quickly realized that I **was** not **good at** housework. Cooking, cleaning, and related things were more challenging than I had **anticipated**. Every day was a **struggle**, and I often felt overwhelmed trying to balance my studies with these new responsibilities.

　I understood that everyone has their strengths and weaknesses. I decided to focus more on my studies and career, where I felt more confident and **capable**. This decision shaped my approach to life and work.

語句・表現

- take care of...
  ～を世話をする
- be responsible for...
  ～の責任がある
- household chores
  家事
- be good at...
  ～が得意である
- anticipate
  ～を予想する
- struggle
  苦労
- capable
  有能な

 例文の訳

　私の人生で最も大変だった時期は、大学時代に祖母が病気になったときでした。母は何カ月も祖母の世話をするために九州へ行かなければならず、その間、私はすべての家事を担当する責任がありました。

　私はすぐに、家事が得意ではないことに気づきました。料理、掃除、それに関連する物事は予想以上に難しかったです。毎日が大変で、勉強とこれらの新しい責任のバランスを取ろうとして、打ちのめさせることがよくありました。

　私は誰もが得意と不得意なことがあることを理解しました。自信を持って能力を発揮できる勉強とキャリアに、もっと集中することに決めました。この決断は、私の人生と仕事へのアプローチを形作ってきました。

応用表現

❶ **Overcoming a serious illness was my biggest challenge.**
大病を克服することが、私にとって最大の挑戦でした。

❷ **Dealing with the failure of my first business was tough.**
最初の事業の失敗に対処するのは大変でした。

❸ **Going through a painful divorce was the hardest period of my life.**
辛い離婚を経験したことは、私の人生で最も困難な時期でした。

❹ **Battling depression and embracing self-acceptance was my greatest struggle.** うつ病と闘い、自己受容を受け入れることは
私にとって最大の苦闘でした。

❺ **Caring for an ill family member was the hardest thing I've done.** 病気の家族を介護することは、これまでしてきたことの中で最も大変なことでした。

5
自分の考えや価値観

91

人生で一番楽しかった瞬間は？

What was the happiest moment of your life?

A few months ago, I had one of the most enjoyable moments of my life when I **organized** a local festival. It was a private event, planned and **executed** with the help of my hometown friends.

We involved our families in the event's **preparation**. Each person brought their **strengths** to the table, which made our teamwork seamless and efficient. There was lots of laughter in our cooperation. Seeing everything come together **smoothly** on the festival day was incredibly satisfying and fun.

The festival was not just a success in terms of organization but also in creating a wonderful experience for the children. They were **thrilled** and **engaged** throughout the event. Hearing my children express their desire to attend the festival again was heartwarming.

語句・表現

- organize
  ～を企画する

- execute
  実行する

- preparation
  準備

- strength
  強み、長所

- smoothly
  スムーズに

- thrill
  ワクワクさせる

- engaged
  没頭して

 例文の訳

　数カ月前、地元のお祭りを企画したとき、人生で最も楽しい瞬間のひとつを経験しました。プライベートなイベントで、地元の友人たちの助けを借りて計画し、開催しました。

　イベントの準備には家族を巻き込みました。それぞれが自分の実力を出し合い、チームワークはスムーズで効率的でした。私たちの協働には笑いが満ちていました。祭りの日にあらゆることがスムーズにまとまったので、非常に満足できて楽しかったです。

　このお祭りは、運営面だけでなく、子供たちに素晴らしい体験をさせるという面でも成功しました。子供たちはそのイベント中、興奮し、夢中になっていました。子供たちがまたお祭りに参加したいと言ってくれたので感動しました。

ヒントにしたい

応用表現

① The day I got married was the happiest moment of my life.
結婚した日は人生で最も幸せな瞬間でした。

② Graduating from college after many challenges brought me immense joy.　多くの困難を乗り越えて大学を卒業したことは私に計り知れない喜びをもたらしました。

③ The birth of my child was an indescribably happy moment.
子供の誕生は何とも言えない幸せな瞬間でした。

④ Getting my dream job made me the happiest I've ever been.
なりたい仕事につけたことは、これまでで最高の幸せでした。

⑤ Winning a tough competition brought me an incredible feeling of happiness.
厳しい大会で優勝したときは、信じられないほどの幸福感を味わいました。

5
自分の考えや価値観

What is a challenge that you are glad you took on in the past?

例文を見てみよう！　　　　　　　　📢 092

One challenge that I'm really glad I took on was **participating in** a marathon. I was never much of a runner, so the idea of running 42 kilometers seemed impossible. However, I decided to push myself out of my comfort zone and **give it a try**.

The training process was tough. There were days when I thought I couldn't do it, and my legs just wanted to give up. But I **kept pushing**, slowly increasing my **distance** day by day. The support from my family was **incredible**. They cheered me on and even ran some practice runs with me.

Completing the marathon was one of the most rewarding experiences of my life. Crossing that finish line, I felt a mix of exhaustion and **exhilaration**. This experience showed me that with determination, I could **overcome** challenges that seemed impossible. It's a lesson I've carried with me in other areas of my life since then.

語句・表現

- participate in...
  〜に参加する
- give it a try
  挑戦してみる
- keep pushing
  努力し続ける
- distance
  距離
- incredible
  信じられない
- exhilaration
  高揚感
- overcome
  〜を克服する

例文の訳

　マラソンに参加したことは、本当に挑戦して良かったと思うチャレンジのひとつです。私はそれまでランナーではなかったので、42キロメートルを走ることは不可能に思えました。しかし、コンフォートゾーン（居心地のいい状態）から抜け出し、挑戦してみることにしました。

　トレーニングの過程は厳しかったです。できないと思う日もあり、足はギブアップしたがっていました。しかし、私はがんばり続け、日々距離を少しずつ伸ばしていきました。家族のサポートは信じられないほどでした。彼らは私を応援し、一緒に練習で走ってくれました。

　マラソンを完走することは、私の人生で最も報われる経験のひとつでした。ゴールラインを越えたとき、私は疲労と高揚感の混ざった気持ちになりました。この経験は、決意すれば不可能と思われる難題でも克服できることを私に教えてくれました。それ以来、私は人生の他の場面でもこの教えを忘れずにいます。

ヒントにしたい
応用表現

❶ I'm thankful I took the risk to start my own business.
リスクを冒して起業できたことに感謝しています。

❷ Overcoming shyness by joining social groups was a great decision. ソーシャルグループに参加することで内気な性格を克服したのは、素晴らしい決断でした。

❸ I'm happy I pushed myself to go back to school later in life.
中年になってから、自分を駆り立てて学校に戻って良かったと思います。

❹ Taking on a tough job role helped me grow immensely.
タフな仕事の役割を引き受けたことは、私を大きく成長させてくれました。

❺ Confronting and overcoming my fear of flying was liberating.
飛行機恐怖症に立ち向かい、克服することで解放されました。

5
自分の考えや価値観

93 これまでの人生で最も重要な決断は？

What is the most important decision you've made in your life so far?

 例文を見てみよう！ 093

The most important decision I've made in my life was moving to a different city for work. It was a huge step, leaving my home, family, and friends behind. The thought of starting over in a new place was both exciting and **scary**.

The first few months were tough. I had to **get used to** a new culture and way of life. There were times when I felt lonely and out of place. I **was intimidated by** city life, and for the first few months, I **tended to** stay at home except for when I had to go to work. It was also difficult to make friends.

Despite the initial **struggles**, this decision **turned out to** be the best one for me. It opened up a world of opportunities, both professionally and personally. I joined new communities and made friends, and found a job that suited me better. Now, I am in a very comfortable situation.

語句・表現

- scary
  怖い、恐ろしい

- get used to...
  〜に慣れる

- be intimidated by...
  〜に怯える、圧倒される

- tend to...
  〜する傾向がある

- struggle
  苦労

- turn out to...
  〜だとわかる、判明する

 ## 例文の訳

　私の人生で最も重要な決断は、仕事のために別の街へ移住したことです。それは大きな一歩であり、家や家族、友人を後に残してくることでした。新しい場所で一から始めることは、ワクワクすると共に怖くもありました。

　最初の数カ月は大変でした。新しい地での文化や生活様式に慣れる必要がありました。孤独で場違いだと感じることもありました。都会の生活に圧倒され、最初の数カ月間は仕事に行く必要がある場合を除いて、家にいることが多かったです。友達を作るのも困難でした。

　初期の苦労にもかかわらず、この決断は私にとって最良のものでした。仕事の面でもプライベート面でもいろいろなチャンスの扉が開かれました。新しいコミュニティに参加し友人を作り、自分に適した仕事を見つけました。今、私はとても快適な状況にいます。

応用表現

❶ Deciding to marry my partner was the biggest decision of my life.
パートナーとの結婚を決めたことは、人生最大の決断でした。

❷ The decision to pursue higher education significantly shaped my future.
高等教育を受けるという決断は、私の将来を大きく形作りました。

❸ Choosing to prioritize my health over my career was vital.
キャリアよりも健康を優先するという選択は重要でした。

❹ Quitting a stable job to follow my dream was a major decision.
夢を追うために安定した仕事を辞めたのは大きな決断でした。

❺ Opting to care for my elderly parents changed my life's direction.
年老いた両親の介護を選んだことは、私の人生の方向性を変えました。

5

自分の考えや価値観

94 これまでの人生で後悔していることは
ありますか?

Do you have any regrets in your life so far?

 例文を見てみよう!

In my life, one thing I **regret** is not learning to play a **musical instrument** when I was younger. As a child, I was interested in music, but I never took the step to actually learn an instrument. I was busy with other activities and thought I could always learn later.

As I got older, I realized how much I enjoy music and wished I had the skill to play an instrument. I tried to learn the guitar in my thirties, but it was more **challenging** than I expected. My fingers weren't as **flexible**, and it was hard to find the time to practice regularly.

Despite this regret, I've learned that it's never too late to start something new. So, I'm slowly learning to play the piano now. It's not easy, but I enjoy every little bit of progress I make. This experience has taught me the importance of **pursuing** interests when you have the chance.

語句・表現

· regret
  〜を後悔する

· musical instrument
  楽器

· challenging
  挑戦的な

· flexible
  柔軟な

· pursue
  〜を追求する

 例文の訳

　人生で後悔していることのひとつは若い頃に楽器を学ばなかったことです。子供の頃、音楽に興味がありましたが、実際に楽器を学ぶための一歩を踏み出しませんでした。他の活動に忙しく、いつでも後で学べると思っていました。

　年を取るにつれ、どれだけ音楽を楽しんでいるかを実感し、楽器を演奏することができればよかったと思うようになりました。30代でギターを習いましたが、予想以上に難しかったです。指が柔軟に動かなかったし、定期的に練習する時間を見つけるのも困難でした。

　この後悔はあったものの、新しいことを始めるのに遅すぎることはないことも学びました。そこで、今はゆっくりとピアノを習っています。簡単ではありませんが、少しでも上達するのを楽しんでいます。この経験から、チャンスがあるときに興味あることを追求することの大事さを教えられました。

5

自分の考えや価値観

 ヒントにしたい

応用表現

❶ Not traveling more when I had the chance is a big regret.
チャンスがあったときにもっと多く旅行しなかったことは大きな後悔です。

❷ I regret not staying in touch with old friends.
昔の友人と連絡を取り合っていなかったことを後悔しています。

❸ Sometimes, I wish I had pursued my passion for music.
時々、音楽への情熱を追求すれば良かったと思うことがあります。

❹ I regret not expressing my feelings to someone special in the past.
過去に大切な人に気持ちを伝えなかったことを後悔しています。

❺ I wish I had spent more time with my family.
家族ともっと一緒にいたかったです。

95 気になっている関心事や社会問題は ありますか?

Are there any social issues or problems that concern you?

 例文を見てみよう!

One **social issue** that I find particularly concerning is the increasing number of children who are not attending school, known as non-attending students. This problem is growing rapidly and has serious **implications** for the future of these young individuals.

I once **participated in** a community program aimed at supporting such children. We created a safe and welcoming space where they could learn and interact at their own pace. Many of these kids were **struggling with** various issues, from **bullying** to anxiety, which made regular school challenging for them.

Traditional schooling doesn't work for everyone, and it's important to have **alternative methods** of education that cater to different needs. By providing support and adapting to the unique **circumstances** of each child, we can help them reach their potential.

語句・表現

- · social issue
  社会問題

- · implication
  含意、意味合い

- · participate in...
  ～に参加する

- · struggle with...
  ～と格闘する

- · bully
  ～をいじめる

- · alternative method
  代替方法

- · circumstance
  状況

例文の訳

　特に懸念している社会問題のひとつは、学校に通っていない子供たち、いわゆる不登校児童の数が増加していることです。この問題は急速に拡大しており、若者の将来に関して深刻な意味合いを含んでいます。

　かつて、私はこのような子供たちを支援するコミュニティプログラムに参加していました。私たちは、子供たちが自分のペースで学び、交流できる安全で友好的な空間を作りました。不登校の子たちは、いじめから不安まで、様々な問題に苦しんでおり、通常の学校に通うのは困難でした。

　伝統的な学校教育はすべての人に合うわけではなく、異なるニーズに対応できる代わりの教育方法を持つことが大事です。それぞれの子供の異なる環境に対応し、サポートを提供することで、彼らの可能性を引き出すことができます。

ヒントにしたい

応用表現

❶ **Climate change and its impact on the planet greatly concern me.**
気候変動とその地球への影響は私にとって大きな関心事です。

❷ **The increasing rates of mental health issues in society worry me.**　社会におけるメンタルヘルスの問題が増加していることを私は心配しています。

❸ **I'm troubled by the loss of privacy in the digital age.**
デジタル時代のプライバシーの喪失が心配です。

❹ **The growing problem of plastic pollution in oceans is alarming.**
海洋におけるプラスチック汚染の問題の拡大は憂慮すべきことです。

❺ **Japan's declining birth rate and aging society is a major concern of mine.**
日本の少子高齢化社会は私にとって大きな懸念事項です。

5

自分の考えや価値観

現在の生活に満足していますか？

Are you currently satisfied with your life?

 例文を見てみよう！

I **am** generally **satisfied with** my life. I live in a comfortable home, have a stable job, and enjoy good health. These are important things that make me feel grateful every day.

However, life is not without its challenges. For example, balancing work and personal life can be **tough** sometimes. There are days when work **takes up** most of my time, leaving little space for relaxation or hobbies. It's a constant **struggle** to find the right balance, but I'm **working on** it.

One of the most satisfying **aspects** of my life right now is the small community group I'm part of. We meet weekly, and it's a great way to connect with others and share experiences. Whether we're discussing a book or just chatting about our day, it's these moments of connection that bring me joy.

押さえたい
語句・表現

· be satisfied with...
〜に満足している

· tough
厳しい、困難な

· take up
占める

· struggle
苦労、苦闘

· work on...
〜に取り組む

· aspect
側面、観点

 例文の訳

　自分の人生には概ね満足しています。快適な家に住み、安定した仕事を持ち、健康を保っています。これらは大事なことで毎日ありがたいと思っています。

　しかし人生には困難もあります。例えば仕事と個人の生活のバランスを取るのは時には難しいことがあります。仕事にほとんどの時間を取られ、休憩したり趣味を楽しむ余裕がほとんどない日々が続くこともあります。適切なバランスを見つけるのには常に努力が必要ですが、まさにその点に取り組んでいます。

　現在の私の人生で最も満足している点のひとつは、小さなコミュニティグループに参加していることです。私たちは週に一度会いますが、他の人たちとつながり、経験を共有する素晴らしい方法です。本について議論するか、その日にあったことを話しているだけですが、みなとつながっている瞬間は私に喜びをもたらします。

5

自分の考えや価値観

ヒントにしたい
応用表現

❶ I'm content, but there's always room for improvement.
満足していますが、改善の余地は常にあります。

❷ Yes, I'm happy with my life, especially my career and family.
はい、私は自分の人生、特にキャリアと家族に満足しています。

❸ I'm satisfied, but I still have goals I want to achieve.
満足していますが、達成したい目標はまだあります。

❹ No, I wish I had more meaningful relationships and less stress. いえ、もっと有意義な人間関係を築き、ストレスを軽減できればよかったのにと思います。

❺ I lack a sense of purpose and meaning in what I do every day.
毎日行うことに目的意識や意味がありません。

**What is your biggest goal you want to
achieve in life?**

 例文を見てみよう！

My biggest goal in life is to **establish** a
small community center that focuses on art and
education. This dream is about creating a space
where people of all ages can come together to
learn, create, and share their experiences.

I started working towards this goal by
organizing small art workshops in my
neighborhood. The first few **attempts** were
challenging. Not many people **showed up**, and
I had to rethink my approach. But these early
setbacks taught me a lot about planning and
community **engagement**.

My vision for the future is a vibrant community
center where people can attend classes, enjoy **art
exhibitions**, and engage in cultural events. I want
it to be a place that brings joy and learning to the
community, a hub for creativity and growth.

語句・表現

- **establish**
  〜を設立する

- **organize**
  〜を主催する、組織する

- **attempt**
  試み

- **show up**
  出席する

- **setback**
  挫折

- **engagement**
  積極的な参加

- **art exhibitions**
  美術展

 例文の訳

　私の人生での最大の目標は、芸術と教育に焦点を当てた小さなコミュニティセンターを設立することです。あらゆる年齢層の人々が集まって学び、創造し、経験を共有できる場所を作るのが夢です。

　この目標に向けて、近所で小さなアートワークショップを主催することから始めました。最初の数回は大変でした。あまり多くの人が参加せず、私は取り組みを見直す必要がありました。しかし、初期の挫折は、計画とより良いコミュニティ作りについて多くを学ばせてくれました。

　将来のビジョンは、人々がクラスに参加し、アートの展示を楽しみ、文化的イベントに参加できる活気あるコミュニティセンターを作ることです。コミュニティに喜びと学びをもたらす場所とし、創造性と成長を育むハブにしたいと思っています。

ヒントにしたい

応用表現

❶ I want to travel the world and experience different cultures.
世界中を旅して、異なる文化を体験したいです。

❷ Achieving financial independence and security is my main goal.
経済的自立をし、安心を確保することが私の主な目標です。

❸ I aspire to make a significant positive impact in my community.
私は自分のコミュニティに大きなプラスの影響を与えたいと考えています。

❹ My goal is to write and publish a novel.
私の目標は小説を書いて出版することです。

❺ I want to live a healthy and balanced life.
健康でバランスの取れた生活を送りたいです。

あなたにとっての理想的な生活とは
どのようなものですか?

What does an ideal life look like to you?

 例文を見てみよう!

My ideal life would be a balance of work, personal interests, and spending time with family and friends. I **envision** a life where my job is not just a way to earn money, but something that I am **passionate** about and that **contributes** positively **to** society.

In this ideal life, I would have time for hobbies like painting and hiking. I remember once when I tried to paint a **landscape** and it **ended up** looking nothing like I planned. But that experience taught me to enjoy the process and not just the result. Hobbies are important for relaxation and creativity.

Spending quality time with family and friends is also **crucial** for me. Whether it's having a meal together or just a simple conversation, such moments are precious. My ideal life is not about perfection, but about finding joy and **fulfillment** in everyday activities and relationships.

語句・表現

- envision
  心に描く、直面する
- passionate
  情熱的な
- contribute to...
  〜に貢献する
- landscape
  風景
- end up...
  最後には〜になる
- crucial
  重要な
- fulfillment
  充実感

応用表現

例文の訳

　私の理想的な人生は仕事、個人的な興味、そして家族や友人との時間のバランスが取れていることです。私の仕事が単にお金を稼ぐ手段ではなく、情熱を注ぐものであり、社会にプラスの影響を与えるものである人生を思い描いています。

　この理想的な人生では、絵を描いたりハイキングをしたりと趣味のための時間を取りたいと思っています。一度、風景を描こうとしたとき、全く思った通りにいかなかったことを覚えています。しかし、その経験は、結果だけでなく過程を楽しめば良いことを教えてくれました。趣味は気晴らしと創造性にとって重要です。

　家族や友人との質の高い時間を過ごすことも私にとって不可欠です。一緒に食事をすることでも、単純な会話をすることでも、これらの時間は貴重です。私の理想的な人生は完璧さではなく、日常の活動や人間関係で喜びや充実感を見つけることで得られます。

❶ Living in nature away from the city crowds sounds perfect to me.
都市の群衆から離れて自然の中で暮らすのは、私にとって完璧に思えます。

❷ I'd love to travel the world and experience new cultures.
世界中を旅して新しい文化を体験してみたいです。

❸ I envision lots of family time and deep connections with friends.　私は家族とたくさんの時間を過ごし、友人たちと深いつながりを持つことを思い描いています。

❹ Regular exercise, healthy food, and plenty of rest contribute to an ideal lifestyle for me.　定期的な運動、健康的な食事、十分な休息が私にとって理想的なライフスタイルとなります。

❺ Financial security without too much stress is important in my opinion.
私の意見では、過度なストレスがなく経済的安心を保てることが重要です。

99 今までで「この選択をしてよかった」と 思うのはどんなことですか？

What are some life choices you are happy you made?

 例文を見てみよう！

One decision I'm really glad I made in my life was going back to school for further education. **Initially**, it was a **daunting** thought, especially since I had been working for several years. The idea of being a student again, with **assignments** and exams, was **intimidating**.

I was the oldest in my class and **struggled to** keep up with the technology that younger students used **effortlessly**. I was happy when the professor told me that my work experience could motivate younger students.

This experience taught me that it's never too late to pursue your goals or change your career path. This decision to **embrace** education again has been one of the most impactful and rewarding choices I've made in my life.

押さえたい

語句・表現

· **initially**
最初は

· **daunting**
困難な

· **assignment**
課題、宿題

· **intimidating**
怖い、威圧的な

· **struggle to...**
〜しようともがく

· **effortlessly**
楽に、苦労なく

· **embrace**
受け入れる、抱きしめる

 例文の訳

　私の人生で本当に良かったと思う決断のひとつは、さらなる教育を受けるために学校に戻ったことです。当初は、特に数年間働いていたので、その決断は私をおじけづかせる考えでした。課題や試験がある学生に再びなることは、私には恐ろしいことでした。

　私はクラスで最年長で、若い学生が苦もなく使っているテクノロジーに追いつくのに苦労しました。私の仕事の経験が、若い学生たちに刺激を与えることができると教授が言ったとき、私はうれしかったです。

　学び直すという経験は、目標を追求するのにもキャリアを変えるのにも遅すぎるということはないことを教えてくれました。再び教育を受けるというこの決断は、私の人生に最も影響を与え、報われる選択のひとつとなりました。

応用表現

❶ **I'm thankful for choosing a career that I'm passionate about.**
自分が情熱を注げるキャリアを選択できたことに感謝しています。

❷ **Deciding to move to a new city opened many doors for me.**
新しい街への移住を決意したことで、私にとって多くの道が広がりました。

❸ **I'm glad I took up a hobby that brings me joy.**
楽しい気持ちになれる趣味を始めてよかったです。

❹ **I'm happy I made health and fitness a priority in my life.**
健康とフィットネスを人生で優先できたことをうれしく思います。

❺ **Building strong, supportive relationships is one of the greatest things I've ever done.** 強力で協力的な関係を築いたことは、私がこれまで行ってきた中で最も素晴らしいことのひとつです。

Do you believe you control your own destiny, or is your fate predetermined?

 例文を見てみよう！

We can decide what to do, but we can't control everything. It's like **planting** a garden. We can plant the seeds, but we can't **make the sun shine**.

I used to work at a company that was **close to failing**. There was a big **layoff**. The situation was tough, and I couldn't **stand** the stress. So, I chose to leave. It was a scary decision, but I wanted to try something new.

I started my own business doing a completely different type of work. At first, it was tough. I had to learn many new things. But now, I love **what I do**. This change showed me that our choices can sometimes lead us to better places. We can't control everything, but our decisions definitely **make a difference**.

語句・表現

· plant
〜を植える

· make the sun shine
太陽を輝かせる

· close to failing
倒産寸前の

· layoff
解雇、リストラ

· stand
〜に耐える

· what I do
自分がすること

· make a difference
違いを生み出す

ヒントにしたい

応用表現

 例文の訳

　私たちは何をするかを決めることはできますが、すべてをコントロールすることはできません。それは庭を作るようなものです。私たちは種を植えることはできますが、太陽を輝かせることはできません。

　私は以前、倒産しかかった会社で働いていたことがあります。大きなリストラがありました。状況は厳しく、私はそのストレスに耐えられませんでした。だから、自分から辞めることを選びました。恐ろしい決断をしたものです。しかし、新しいことをしてみたかったのです。

　私は自分の会社を始めました。それは全く違う仕事でした。最初は大変でした。新しいことをたくさん学ぶ必要がありました。しかし今では、仕事が大好きです。この変化は、時には私たちの選択がより良い場所へ導いてくれることを示してくれました。私たちはあらゆることをコントロールすることはできませんが、私たちの決断が違いを生み出すことは間違いありません。

5
自分の考えや価値観

❶ **I believe we can shape our destiny through our choices and actions.**　私たちは自分の選択と行動を通じて運命を形作ることができると信じています。

❷ **I feel that our destiny is largely determined by our own decisions.**
私たちの運命は私たち自身の決断によって大きく決まると感じています。

❸ **In my opinion, fate sets the stage, but we write the script.**
私の意見では、運命が舞台を設定しますが、脚本を書くのは私たちです。

❹ **I think hard work and determination can override any predetermined fate.**
努力と決意はあらかじめ決められた運命を覆すことができると思います。

❺ **I feel that destiny is a combination of fate and free will.**
私は運命とは宿命と自由意志の組み合わせで決まると感じています。

著者プロフィール

谷口 恵子（たにぐち・けいこ）

AI活用コーチ／英語学習コーチ／ChatGPT・AI活用コミュニティ代表／プチ・レトル株式会社代表取締役／立教大学経営学部ビジネス・リーダーシップ・プログラム（BLP）講師。2002年東京大学法学部卒業。2020年東京大学大学院学際情報学府修士課程修了（山内祐平研究室/ICTを活用した英語の個別学習における指導者の役割に関する研究）。2002年から日本オラクルでサポート部門エンジニア、IR（投資家対応）を担当。2008年からソニー株式会社で調達部門の危機管理、取引先企業の経営分析、BPOプロジェクト管理等を担当。2013年にプチ・レトル株式会社を共同起業。英語学習コーチとして活動を始め、企業研修やUdemy、ストアカ等の講座を通じて、累計3万人以上に「楽しみながら続けられて本当に効果が出る英語学習法」を伝えてきた。2022年より立教大学経営学部兼任講師。2023年1月よりAI活用コーチとして活動を開始し、「ChatGPT・AI活用コミュニティ」（3万人以上が参加する日本最大のAI活用コミュニティ）を運営。2024年度NHKラジオ『英会話タイムトライアル』テキストにAI活用英語学習の記事を連載。

著書に『AI英語革命』『AI仕事革命』（リチェンジ）『3ヶ月で英語耳を作るシャドーイング』『TOEIC® L&Rテスト 絶対攻略リーディング』『1ヶ月で洋書が読めるタニケイ式英語リーディング 改訂版』『1日10分！ 楽して伝わるタニケイ式英語発音トレーニング』（プチ・レトル）など。

自分のことを100ネタ話すための
AI英作文

2024 年 4 月 5 日　第 1 版第 1 刷発行

著者：谷口 恵子

校正：熊沢敏之、高橋清貴
装丁：松本田鶴子
表紙イラスト：boingz/Adobe Stock

発行人：坂本由子
発行所：コスモピア株式会社
〒 151-0053 東京都渋谷区代々木 4-36-4 MC ビル 2F
営業部：Tel: 03-5302-8378 email: mas@cosmopier.com
編集部：Tel: 03-5302-8379 email: editorial@cosmopier.com

https://www.cosmopier.com/（会社・出版物案内）
https://e-st.cosmopier.com/（コスモピア e ステーション）

印刷・製本／シナノ印刷株式会社

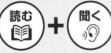